BIBLIOTHÈQUE
CHRÉTIENNE ET MORALE,

APPROUVÉE

PAR Mgr L'ÉVÊQUE DE LIMOGES.

3e SÉRIE.

Tout exemplaire qui ne sera pas revêtu de notre griffe
sera réputé contrefait et poursuivi conformément aux lois.

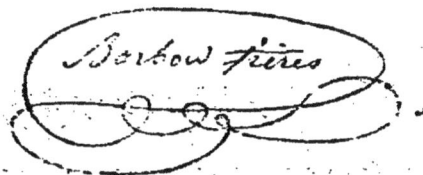

Barbou frères

Le père de Louis XV

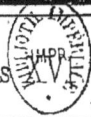

LE PÈRE

DE LOUIS XVI.

PAR M. L'ABBÉ**.

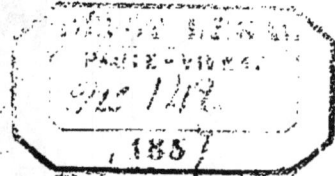

LIMOGES.

BARBOU FRÈRES, IMPRIMEURS-LIBRAIRES.

1857

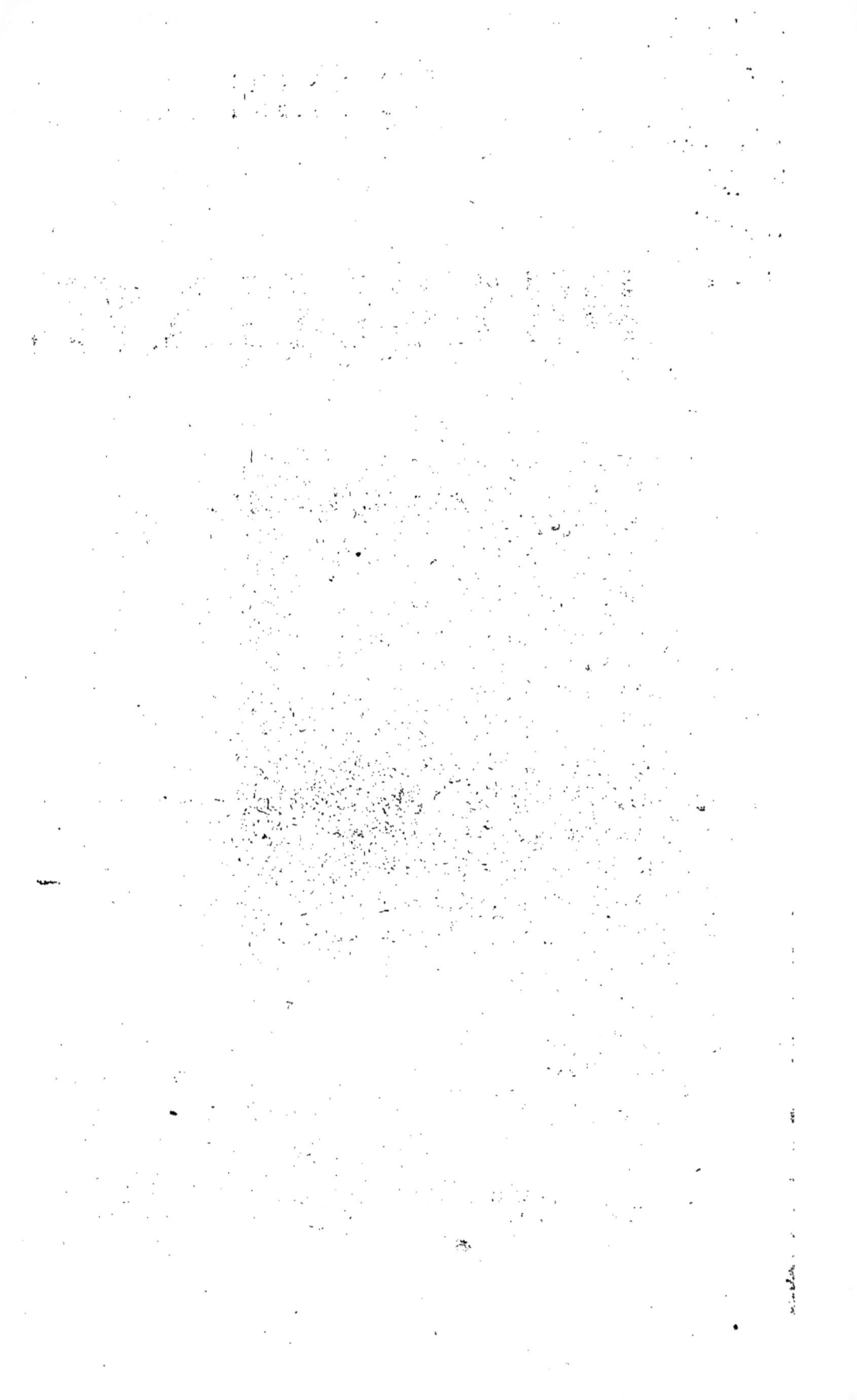

LIVRE PREMIER.

———————

La France, épuisée par le règne de Louis XIV, ce règne si glorieux, respirait sous le gouvernement pacifique de Louis XV, son arrière-petit-fils. Ce prince avait épousé, en 1725, Marie Leczinski, fille de Stanisles, roi de Pologne; cette princesse que ses vertus personnelles, jointes à celles de son fils, ont souvent fait comparer à la reine Blanche, mère de saint Louis. Dieu avait déjà béni cette alliance par la naissance de trois princesses; mais le trône était encore sans héritier, et la nation paraissait ne goûter qu'à demi les douceurs d'une paix que la perte d'une seule tête pouvait lui ravir. Enfin la Providence jette sur la France un regard de miséricorde, et la reine mit au monde un fils le 4 septembre 1729.

Quand l'enfant commença à parler, on remarqua en lui une curiosité qu'on avait quelquefois peine à satisfaire. S'il voyait un ouvrier travailler, il lui demandait le nom de ses outils, le sien et celui de ses enfants; pour qui, et pourquoi il travaillait. Jusque dans les productions de la nature, il voulait qu'on lui rendît compte de tout; et souvent il faisait des questions capables d'embarrasser ceux qui auraient voulu lui donner une réponse moins simple que celle qu'exige la portée d'un enfant. Une feuille configurée autrement qu'une autre; un fruit rouge à côté d'un blanc; un melon qui se traînait par terre, au lieu de pendre à un arbre, c'était pour lui la matière d'autant de *pourquoi*. Un jour qu'il sortait de chez lui, porté sur les bras de sa nourrice, il remarqua que le garde du corps qui était en faction à la porte de son appartement avait une croix de Saint-Louis, il lui fit signe de s'approcher. Il lui prit la croix, qu'il considéra attentivement; se tournant ensuite vers la duchesse de Ventadour, sa gouvernante, il lui dit : Pourquoi donc cela, maman? » La dame lui ayant fait entendre que c'était une marque de distinction que le roi accordait à ceux qui l'avaient bien servi, il fixa attentivement le garde du corps, lui sourit, et lui présenta sa main à baiser. Depuis ce temps-là, quand il apercevait un chevalier de Saint-Louis, il le montrait à sa gouvernante, en lui disant : « En voilà encore un qui sert bien le roi. »

La ville de Paris, suivant un ancien privilége, demanda à Louis XV son agrément pour présenter au Dauphin ses premières armes. Le duc de Gêvres, qui en était gouverneur, se rendit à Versailles à la tête du corps de ville, et présenta au jeune prince une épée, un fusil et deux pistolets, le tout travaillé avec beaucoup de délicatesse, et proportionné à son âge. Le président Turgot, prévôt des marchands, le complimenta. Il présagea dans son discours l'usage qu'il ferait un jour, en faveur de l'État, de ces armes qui n'étaient encore, ajouta-t-il, qu'un amusement dans ses jeunes mains. En effet, le Dauphin était beaucoup plus frappé de leur brillant que du compliment flatteur auquel elles donnaient occasion. Il les examina l'une après l'autre; il ne se lassait point de les admirer. Pendant que le duc de Gêvres lui ceignait sa petite épée : « Ah! s'écria-t-il, que je suis content de la bonne ville de Paris : je l'aime de tout mon cœur. »

Quoiqu'il fût d'usage de laisser les princes entre les mains des femmes jusqu'à l'âge de sept ans, comme le tempérament et l'esprit avaient prévenu l'âge dans le Dauphin, on jugea aussi à propos de commencer son éducation à l'époque ordinaire, et dès qu'il eut atteint sa sixième année. Le roi lui donna pour gouverneur le comte depuis duc de Châtillon. Ce seigneur joignait la vertu à la naissance, et avait fait preuve de valeur dans nos armées. On lui nomma pour précepteur l'évêque de Mirepoix, prélat qui n'avait, pour prétendre à cet emploi important, d'autres titres que ceux qui l'avaient fait connaître à la cour, son mérite et son austère probité. Il eut pour sous-gouverneur les comtes de Muy et de Polastron; et pour sous-précepteur l'abbé de Saint-Cyr. Son lecteur fut l'abbé de Marbœuf.

Quand le Dauphin apprit que le comte de Châtillon était nommé son gouverneur, il lui en fit son compliment, et lui en témoigna sa plus grande satisfaction : « Je suis ravi, lui dit-il, que le roi vous ai fait mon gouverneur, je vous aimerai de tout mon cœur. » Il dit à peu près la même chose à son précepteur. Cependant le moment de sa séparation d'avec la duchesse de Ventadour fut cruel. On lui dit qu'il fallait remercier cette dame des soins qu'elle avait pris de son enfance : il courut aussitôt se jeter à son cou; mais il ne put lui témoigner sa reconnaissance que par l'abondance de ses larmes, langage du cœur toujours plus expressif que celui des lèvres. Quoi- qu'on pût faire pour le distraire et l'amuser, il con- serva pendant plusieurs jours un fond de tristesse qui se peignit sur son visage, et donnait même des inquiétudes pour sa santé. C'est à ces traits qu'on com- mence à connaître le bon cœur et l'heureux naturel d'un enfant.

A peine le Dauphin fut-il sorti de sa première enfance, et en âge de discerner le bien d'avec le mal, qu'on décou- vrit en lui une souveraine horreur pour le vice et pour toute espèce de bassesse. Il n'eût pas souffert qu'on pro- férât en sa présence une seule parole qui pût blesser la vérité, l'honnêteté, ou la réputation d'un absent. Une des princesses ses sœurs, âgée d'environ huit ans, ayant laissé échapper un propos indiscret, il la menaça de re- noncer à son amitié, et lui fit une réprimande si vive, qu'elle ne l'oublia jamais. A cette aversion pour le vice, qui lui était comme naturelle, il joignait un grand res- pect pour la religion. Tout ce qui y avait quelque rapport paraissait l'intéresser. On commença bientôt à entrevoir quel serait le fond de son caractère; une physionomie pré- venante, un air ouvert, annonçaient sa franchise. Ordi- nairement, et plus souvent qu'on eût voulu, il était dis- posé à rire et à folâtrer. Une tournure d'esprit fine et agréable lui fournissait toujours quelque expédient heu- reux pour se soustraire aux reproches. Sans avoir recours au mensonge ni à la ruse, il savait faire agréer une ex- cuse à ceux qui étaient chargés de son éducation. Il lais- sait apercevoir, dans l'occasion, la fermeté d'âme et le courage d'un homme fait. Il lui était survenu un abcès à la joue droite. Les médecins ayant jugé nécessaire qu'on en fît l'ouverture, on lui rendit compte de leur avis. Sur-le champ il consentit à l'opération, s'y prêta de la meilleure grâce, et la soutint avec une constance que tout le monde admira. Le roi, qui était présent, en fut touché jusqu'aux larmes, et l'embrassa tendrement.

De toutes les bonnes qualités qui commençaient à se développer en lui, la sensibilité de son cœur était celle qui se manifestait davantage. Un jour qu'il voyait passer un officier de bonne mine, mais qui n'avait pas l'air des plus aisés, il s'informa qui il était, et où il allait. Sur ce qu'on lui apprit que c'était un brave officier qui allait rejoindre son régiment, dans lequel il servait depuis long-temps avec honneur, il le fit appeler, lui donna, sans compter, tout l'argent qu'il avait dans sa bourse, et l'obligea même de recevoir plusieurs petits bijoux qu'il portait avec lui, et qui lui plaisaient beaucoup.

Un autre officier, qui avait contracté une incommodité au service du roi, était venu solliciter à la cour une gratification qui le mît en état de se faire guérir. Le Dauphin, ayant eu occasion de le voir, fut si touché de son état, qu'il demanda à son gouverneur la permission de lui faire lui-même la gratification qu'il voulait attendre du roi : on le lui permit. Il lui donna sur-le-champ, avec une satisfaction incroyable, le double de ce qu'il demandait, en lui disant : « Tenez, monsieur, vous viendrez, si vous voulez, solliciter votre gratification, quand vous serez guéri. » Son gouverneur ayant remarqué plusieurs fois qu'il donnait avec trop peu de discrétion tout ce qu'il avait, au premier qui lui demandait, fixa à un écu ses libéralités envers les pauvres mendiants. Alors, quand il en rencontrait un, dont l'état lui paraissait plus misérable, il lui glissait adroitement un louis sous l'écu qu'il lui donnait. Il fut un jour si touché de la misère d'une

1..

pauvre femme, que n'osant, en présence de son gouverneur, la soulager aussi efficacement qu'il l'eût voulu, il lui dit tout bas de se rendre devant son appartement pour le temps qu'il lui assigna. A l'heure marquée, il ouvrit sa fenêtre, reconnut la femme, et lui jeta quelques louis.

A l'âge d'environ huit ans, on suppléa les cérémonies de son baptême. Il fut nommé Louis par le duc d'Orléans et la duchesse douairière de Bourbon. Cet acte de religion fit sur lui une impression assez avantageuse pour qu'on pût en conclure, malgré la légèreté de l'âge, qu'il avait le cœur fait pour goûter un jour les charmes de la vertu. Les commencements de son éducation cependant furent assez orageux; et à travers ses bonnes qualités naissantes, on découvrit en lui le germe de plusieurs autres qui donnaient quelque inquiétude. Si on en excepte un petit nombre d'enfants qu'on pourrait appeler malheureusement nés, et un plus petit nombre encore en qui il semblerait qu'Adam n'eût pas péché, il est assez ordinaire de remarquer dans l'enfance ce conflit de bonnes et de mauvaises inclinations, quoique plus ou moins marqué, selon la diversité des caractères. Mais les plus grandes âmes, pour l'ordinaire, nourrissent en elles, dès l'âge le plus tendre, je ne sais quel principe d'activité et de force, qui, selon le bon usage ou l'abus qu'elles en font dans la suite, les élève à l'héroïsme de la vertu, ou les précipite dans les excès contraires. Tel était le jeune prince : il était aisé de pressentir qu'il ne serait jamais à demi ce qu'il serait. Il avait le caractère ardent et impétueux; il s'irritait facilement quand on combattait ses goûts, et il était entier dans ses réponses envers ceux qui voulaient le troubler dans la possession de faire ses volontés. Il n'avait pas encore dix ans que son esprit, dans ces occa-

sions surtout, se produisait déjà par ces saillies vigou-
reuses qui décèlent une âme faite pour penser d'après
elle-même. Le cardinal de Fleury, assistant un jour à son
dîner, entreprit de lui faire une leçon de modération : il
fit pour cela l'énumération de tout ce qui l'environnait,
et à chaque chose qu'il nommait, il ajoutait : « Cela,
monsieur, est au roi, cela vient du roi, rien de tout cela
ne vous appartient. » Le Dauphin écouta fort impatiem-
ment la remontrance, sans pourtant interrompre le cardinal. Quand il eut fini, voyant qu'il avait tout donné au
roi, sans lui rien laisser : « Eh bien ! reprit-il avec émotion, que tout le reste soit au roi, au moins mon cœur et
ma pensée sont à moi. » Une réplique d'un si grand
sens étonna le roi et toute sa cour, et annonça que l'enfant qui était capable de la faire ne serait pas un homme
ordinaire, et qu'il était de la plus grande importance de
ne rien négliger pour plier de bonne heure ses inclinations au bien.

Du caractère dont était le Dauphin, on peut imaginer
que ce qui offensait son amour-propre, le piquait toujours au vif. Ayant su qu'un de ses valets de chambre
avait parlé au-dehors d'une chose qu'il croyait de son
honneur de tenir secrète, il lui en témoigna son indignation ; et l'on eut toutes les peines du monde à l'engager
à lui pardonner. On remarquait encore en lui de l'éloignement pour les choses sérieuses, et quelquefois même
pour les personnes qui voulaient l'y appliquer. Les leçons
de son gouverneur lui plaisaient beaucoup plus que celle
de son précepteur. Examiner un automate qui représentait un cheval de bataille, voir faire l'exercice, assis-
ter aux revues du roi, monter à cheval, voir ruiner un
tertre par une batterie de petits canons, tirer sur du
gibier qu'on lui rassemblait dans un fossé ; c'étaient là

autant d'exercices qui le transportaient, et l'occupaient tout entier.

Louis XV, pour exercer ses troupes pendant la paix, ayant ordonné un camp devant Compiègne, profita de la circonstance pour donner à son fils, âgé de dix ans, la première leçon d'expérience dans l'art militaire. Ce qui se passe entre deux armées ennemies, attaque, défense, prise de place, retraite, marche, contre-marche, ruse de guerre, tout, excepté l'effusion du sang, était imité au naturel par les troupes du camp, partagées en deux corps. Le Dauphin suivit toutes les opérations avec un intérêt incroyable; rien n'échappait à son attention. Son gouverneur eût voulu, pour la première fois, se contenter de lui faire les grandes observations; mais il l'obligeait par ses questions à descendre jusque dans les moindres détails. Toute espèce d'occupation tumultueuse était du goût du jeune prince. Mais quand il fallait ensuite passer au sérieux de l'étude, prendre une leçon de géographie, d'histoire, ou de langues, on ne saurait imaginer combien il lui en coûtait, et il lui arriva quelquefois de dire net qu'il n'en ferait rien; qu'il ne fallait pas être Dauphin de France pour avoir tant de mal. Cependant on tenait ferme, et il fallait que la tâche qu'on lui avait imposée fût remplie, sous peine de rester en pénitence, et de ne point sortir de son appartement. L'expérience qu'il en fit quelquefois l'obligea à marquer dans la suite moins de résistance.

Louis XV prenait quelquefois plaisir à lui faire raconter ses petites peines. Quoique ce prince aimât tendrement ses enfants, il souscrivit toujours aux dispositions de ceux qu'il avait préposés à leur éducation, et faits dépositaires de son autorité en cette partie. Il se permettait seulement de solliciter de temps en temps quelques grâces en faveur du Dauphin, mais sans jamais les exiger, et souffrant même qu'on lui représentât quelquefois qu'il ne serait pas à propos qu'on les lui accordât. Les enfants des rois sucent, pour ainsi dire avec le lait, le sentiment de leur grandeur : toutes les marques extérieures de respect que leur prodiguent ceux qui les environnent, leur font bientôt apercevoir qu'ils sont au-dessus de tous. Jamais prince ne commença à le sentir plus tôt que le Dauphin : il était encore sous la conduite de sa gouvernante, qu'il se prévalait de la prééminence de son rang. Une des princesses, ses sœurs, étant à table avec lui, se mettait en devoir de se servir la première : « J'aurais cru, madame, lui dit le petit Dauphin, que quand je suis ici, c'est à moi que les honneurs sont dus. » Et en parlant il se fit justice à lui-même. Ce trait lui attira de la part de sa gouvernante le reproche de mieux connaître les droits de sa naissance que ceux de la politesse. Quand il commandait, c'était toujours en maître absolu; il portait ses prétentions jusqu'à croire que les éléments devaient aussi lui être soumis. Un jour que passant par un corridor, il entendait le vent siffler à ses oreilles d'une manière désagréable, il se retourna vers les officiers de sa suite, et leur dit avec vivacité : « Faites donc taire ce vent-là. » Mais ce qui choquait surtout ses idées, c'était de voir qu'au milieu des égards et de la soumission de tous les courtisans qui l'approchaient, quelques particuliers prissent avec lui le ton de maîtres, et prétendissent lui faire la loi, et contredire habituellement ses penchants les plus chers : « M. de Saint-Cyr, disait-il un jour au roi, est un homme qui n'entend point raison. J'imagine bien, répondit le prince, que votre raison ne doit pas être tout-à-fait d'intelligence avec la sienne, mais avec le temps elles pourront se rapprocher, et faire la paix. » Jamais prédiction ne se vérifia plus parfaitement.

L'abbé de Saint-Cyr était un de ces hommes rares ; fait pour suivre avec succès l'éducation d'un jeune prince. Il joignait à une âme solidement vertueuse, un esprit orné de toutes les connaissances nécessaires ou utiles à son élève. Il était d'un caractère modéré, ferme et uniforme, sachant employer à propos les motifs les plus capable d'exciter l'émulation d'un enfant, et les moyens les plus sûrs pour lui rendre la vertu aimable et le travail agréable. Convaincu que son premier devoir était d'être utile à son élève, il ne négligea rien pour gagner son affection; mais il était fort éloigné de la mendier en flattant ses goûts, ou en dissimulant ses défauts. Et c'est là, sans doute, la règle que suivront les instituteurs de la jeunesse, surtout ceux des grands, s'ils étaient toujours conduits par la religion, où même par une prudence bien entendue sur leurs véritables intérêts. Il est bien rare qu'on prépare sa fortune, en se faisant le fauteur ou le ministre des passions d'un enfant. Mais un maître fidèle aux devoirs sacrés de sa profession est toujours sûr de l'estime de son élève ; et, si c'est une âme bien née, il peut compter sur toute sa reconnaissance. C'est ainsi que le Dauphin, après son éducation, admit l'abbé de Saint-Cyr au nombre de ses amis les plus intimes.

Ce qui dégoûte des sciences les esprits les plus propres à s'y distinguer, et rebute surtout les caractères vifs, c'est la sécheresse des premiers éléments : ils n'aperçoivent pas d'abord le but où l'on veut les conduire; ils s'irritent, et désespèrent de jamais y arriver; mais ce premier obstacle surmonté, on les voit s'avancer à grands pas, et laisser bien loin derrière eux ceux qui courent la même carrière. Quand une fois le Dauphin commença à entendre les auteurs qu'on lui faisait expliquer, la curiosité lui en rendit la lecture agréable. Un degré de con-

naissances qu'il acquérait le charmait, et lui faisait désirer d'en acquérir un nouveau. Quelque jeune qu'il fût,
il ne se borna jamais, comme la plupart des enfants, à
rendre des mots pour des mots : les choses étaient toujours ce qui l'occupait le plus; et souvent le désir de voir
le dénoûment d'une négociation, ou l'issue d'une bataille,
l'emportait beaucoup au-delà de la tâche qu'on lui avait
assignée, et lui faisait oublier de prendre sa récréation.
Voici ce qu'écrivait de lui un homme qui ne sut jamais
flatter, l'évêque de Mirepoix, son précepteur : « A peine fut-il sorti de l'enfance, qu'on remarqua en lui une
conception aisée, une mémoire qui s'emparait de tout,
une curiosité savante qui étonnait ses maîtres, des ap-
plications promptes et justes de ce qu'il savait déjà. Jusque dans les instants d'ennui, que la sécheresse des premiers éléments lui apportait quelquefois, il laissait échapper des traits qui décelaient ses dispositions; et l'on
pressentait à son insu, que, dans le genre qu'il voudrait,
il serait un jour savant, pour ainsi dire, malgré lui. »
Ayant lu dans la vie d'un ancien philosophe qu'il ne
parlait jamais sans nécessité et que pour dire des choses
sensées, il lui prit envie de l'imiter; et, sans communiquer son dessein à qui que ce fût, il prit tout-à-coup un
air grave et composé, des manières sérieuses, et, contre
son ordinaire, il se mit à l'étude en silence; il étudia
avec la plus grande application. Si on lui adressait la
parole, il ne répondait que par monosyllabes. Quand
son précepteur, en lui donnant sa leçon, voulait, selon
sa coutume, l'égayer par des réflexions amusantes :
« Suivons notre objet, lui disait-il, ne faisons pas les
enfants. » Si on lui disait quelque chose qui ne fût pas
du plus grand sens, il gardait un silence stoïque, ou il
répondait : *Fades propos, paroles inutiles que tout*

cela ; quand est-ce que les hommes penseront avant de
parler ? Le personnage était trop étranger à son caractère, pour qu'il pût jamais se le rendre propre. Il le soutint néanmoins quelque temps , et jusqu'à acquérir assez
d'empire sur son imagination pour pouvoir étudier, sans
se distraire, deux heures desuite le matin , et autant le
soir. Ce qui lui coûtait alors n'était plus tant l'étude
que le passage des amusements et de la récréation à l'é-
tude. Un jour que l'abbé de Saint-Cyr l'avertissait qu'il
était temps de prendre sa leçon : « Je suis bien sûr, lui
dit-il, qu'on n'a pas assujetti tous les princes à apprendre le latin comme moi ; parlez-moi en conscience, cela
n'est-il pas vrai ?—Je ne vous le dissimulerai pas, lui répondit l'abbé, cela n'est que trop vrai, nos histoires en
font foi, et nous offrent quantité de princes qui se sont
rendus méprisables par une grossière ignorance. » Le
Dauphin sentit toute l'énergie de cette réponse ; il ne
ne l'oublia jamais, et elle fut, dans la suite, comme une
barrière insurmontable à la vivacité de son caractère.
Passer de l'amusement du jeu au sérieux du travail lui
paraissait bien dur ; mais être un prince ignorant avait
quelque chose de si humiliant à ses yeux, que rien ne
lui semblait impossible pour éviter la honte. Quoique ce
ne fût encore là que sacrifier une passion à une autre,
l'amour du plaisir à l'amour de la gloire, on fut cependant charmé de reconnaître ces dispositions dans le jeune prince, parce qu'on ne doutait pas que la raison,
éclairée par la religion, ne dût bientôt les épurer et les
perfectionner.

En effet, à mesure que le Dauphin avançait en âge, il
s'apercevait lui-même de ses défauts ; il en convenait, et
il travaillait sincèrement à s'en corriger. Le comte de
Châtillon lui parlait de ses vivacités : « Je vous avertis,

monsieur, lui dit-il, que je désavoue par avance toutes les sottises que je pourrai faire à l'avenir : imaginez-vous, dans ces moments, que c'est le vent qui souffle. » Un jour qu'il se laissait emporter à son humeur, son gouverneur, faisant allusion au propos qu'il lui avait tenu dit que le vent était bien grand : « Oui, Oui, monsieur, reprit-il avec émotion, et la foudre n'est pas loin. » Le gouverneur, contrefaisant l'homme qui avait peur, se boucha les oreilles : le prince se mit à rire, vint l'embrasser, et lui dit : « J'avais pourtant bien promis de ne plus me mettre en colère, je vous en fais mes excuses. »

Le Dauphin, fort jeune encore, était très-curieux de sa bibliothèque ; il n'y voulait que de beaux livres ; et n'étant pas encore en état d'apprécier le mérite de l'auteur, il portait son jugement sur celui de l'imprimeur ou du relieur. C'est à la délicatesse de son goût que nous sommes redevables de plusieurs belles éditions du Louvre faites en sa faveur. Il avait surtout une prédilection marquée pour les livres de piété qui était à son usage ; il en prenait un soin particulier. Il lui prit un jour envie de faire relier en vert tous ceux qui étaient d'une autre couleur. Il en parla à l'abbé de Saint-Cyr, qui lui dit qu'il le satisferait volontiers, s'il pouvait lui donner quelque raison plausible de ce goût, qui ne lui paraissait qu'une fantaisie d'enfant. L'abbé, en disant ces paroles, passa pour un instant dans une chambre voisine. Le Dauphin, piqué de ce qu'on supposait qu'il pût se déterminer sans raison, en chercha une que la vivacité de son esprit lui présenta sur-le-champ. Il l'écrivit promptement sur le premier morceau de papier qu'il trouva sous sa main ; et avant que l'abbé de Saint-Cyr ne fût rentré, il la mit sur son bureau ; elle était en latin, et conçue en ces termes : *Naturam sequi ducem ac magistram semper debemus : cum autem natura sit ubique viridis, non immeritò votò omnes libros meos devotionis esse virides.* Ce qu'on peut rendre : « Nous devons toujours nous rapprocher de la nature, et la prendre pour modèle; or, comme la nature n'offre partout à nos regards que de la verdure, ce n'est pas sans fondement que je demande que tous mes livres de piété soient reliés en vert. » Si le goût était d'un enfant, il faut en convenir, la manière de le justifier était digne d'un homme fait.

Cependant la reine ne cessait de demander à Dieu que le fils qu'il lui avait donné pour être l'appui du trône, devînt aussi celui de la religion; et comme ceux qui étaient témoins des gémissements de Monique sur les égarements d'Augustin, disaient que le fils de tant de larmes ne pouvait périr, ceux aussi qui connaissaient tout ce que faisait cette pieuse mère pour obtenir de Dieu que le Dauphin fût un prince selon son cœur, eussent pu dire également que le fils de tant de bonnes œuvres ne pouvait manquer de devenir un modèle de vertu. Tout l'argent dont cette princesse pouvait disposer était employé en œuvres de charité ; et comme le Dauphin avait aussi sa cassette ; elle en dirigeait l'usage, en faisant semblant de le lui abandonner; et tâchait surtout de le former par ses exemples à la compassion pour les malheureux. Ayant appris que l'éducation des pauvres enfants de Paris était abandonnée, elle résolut d'y pourvoir autant qu'elle le pourrait ; et pour inspirer au Dauphin les mêmes sentiments, elle lui peignait un jour le malheur de ces pauvres enfants qui, lorsqu'il avait lui-même tout en abondance, manquait des secours les plus essentiels pour le corps et pour l'âme. Elle lui ajouta qu'elle était disposée à contribuer à leur faire donner une éducation chrétienne. Le Dauphin dit aussitôt qu'il voulait avoir part à cette bonne œuvre, qu'il donnait tout ce qu'il y avait dans sa cassette. C'est ainsi qu'une mère chrétienne sait tirer de ses vertus le double mérite de les pratiquer elle-même et de les inspirer à ses enfants.

Rien peut-être ne fut plus avantageux à l'enfance du jeune prince, et ne contribua plus efficacement à adoucir et former son caractère, que l'étroite amitié qu'il lia avec madame Henriette et madame Adélaïde. Dans un de ces moments où ils s'ouvraient leurs cœurs avec cette aimable franchise que donne une confiance réciproque : « Mon frère, dit la jeune princesse au Dauphin, nous sommes environnés de flatteurs intéressés à nous déguiser la vérité ; notre intérêt pourtant est de la connaître ; convenons d'une chose : vous m'avertirez de mes défauts, je vous avertirai des vôtres. » La proposition fut acceptée. Il était bien rare que le Dauphin trouvât à reprendre dans la conduite de la princesse ; mais cette régularité même qu'il remarquait en elle le disposait de plus en plus à la confiance, et donnait un nouveau poids aux avis qu'elle lui donnait. Long-temps avant qu'il fît sa première communion, elle l'entretenait de la grandeur de cette action, et de l'influence qu'elle a sur le reste de la vie ; et ces leçons d'amitié faisaient sur son cœur les plus heureuses impressions.

Il reçut le sacrement de confirmation au mois de février 1741. On continua ensuite à lui faire les instructions qui devaient le disposer plus prochainement à sa première communion : il la fit au mois d'avril de la même année, à la paroisse du château. Il n'avait pas encore atteint l'âge de douze ans. Les sentiments de foi et d'amour qu'il fit paraître aux approches et le jour de cette auguste cérémonie, annoncèrent qu'il sentait parfaitement le bienfait du Seigneur qui se communiquait à lui. Il avait dès-lors l'âme ferme et constante ; sa piété ne ressembla pas à celle de la plupart des jeunes gens, qui s'affaiblit insensiblement, et paraît quelquefois entièrement éteinte peu d'années après une première communion; elle alla toujours croissant sans jamais se démentir; et sa persévérance doit sans doute être attribuée à la résolution qu'il forma et suivit toujours fidèlement, de faire toute sa vie un saint et usage du sacrement qu'il recevait pour la première fois.

Personne ne douta plus alors que ses inclinations ne se fixassent dans le bien. Il lui échappait encore de temps en temps quelques fautes; mais elles étaient du nombre de celles qu'on pardonne aisément à la jeunesse, et toujours son cœur les désavouait. Son précepteur lui faisant un jour parcourir la table chronologique des rois ses ancêtres, lui demanda auquel de tous il aimait le mieux ressembler : « A saint Louis, répondit-il aussitôt; je voudrais bien devenir un saint comme lui ! »

La vertu dans un jeune prince a des attraits bien puissants : le Français, naturellement attaché à ses maîtres, semblait éprouver pour le Dauphin un amour de prédilection, qu'il lui témoignait dans les occasions. Le jour qu'il fit sa première entrée dans Paris fut pour lui le plus beau jour de triomphe, et pour les habitants un vrai jour de fête. Curieux de jeter un regard sur la capitale, après avoir entendu la messe dans la métropole, il monta sur une des tours de cette église, d'ou il contempla à loisir la vaste enceinte de la ville. Il partit ensuite pour le château de la Meute, d'où il se rendit l'après-dînée au jardin des Tuileries. Les rues où il passa étaient bordées d'une foule innombrable de peuple, qui poussait des cris de joie, et qui jetait sur lui les regards de complaisance d'une mère sur son fils unique. On croyait découvrir dans sa physionomie les indices du bonheur futur de la nation.

On était charmé de l'air de noblesse et de bonté qui était peint sur son visage, et l'on jugeait par tout son extérieur que la flatterie n'avait point de part aux éloges qu'on donnait tous les jours aux qualités de son cœur. Le jeune prince avoua lui-même que cette joie universelle dont il avait été témoin l'avait flatté beaucoup plus agréablement que le brillant appareil de la cérémonie, et comme le roi lui demandait ce qui lui avait fait plus de plaisir dans Paris : « C'est, lui répondit-il, de voir que j'y étais le bienvenu. »

La légèreté de l'âge, jointe aux autres défauts dont nous avons parlé, avait retardé pour un temps le progrès de l'éducation du Dauphin ; mais comme le mal n'avait point son principe dans le cœur, il céda bientôt à la réflexion ; et la raison, dirigée par la religion, ne l'eût pas plus tôt éclairé sur ses vrais devoirs, qu'il se porta de lui-même à les remplir. Ses heureuses inclinations, ne trouvant plus d'obstacles, se développèrent de la manière la plus sensible, au grand contentement de la famille royale. Chaque jour semblait ajouter quelque choses au précédent. C'est alors que la reine parut au comble de ses vœux ; et dans un de ces moments où elle goûtait pleinement la douce sactisfaction de se voir mère d'un fils vertueux, on lui entendit dire : « Je n'ai qu'un fils, mais le ciel qui me » l'a donné a pris plaisir à le former sage, vertueux, » bienfaisant, tel enfin que j'aurais à peine osé l'espérer. »

« Ses défauts, écrivait le duc de Châtillon, ne m'ont » donné d'inquiétude que jusqu'à ce que j'aie reconnu » la source d'où ils partaient. Une vivacité bouillante, et » le sentiment précoce de sa destinée en sont le principe; » mais le cœur est trop bon pour qu'on ait à craindre des » suites. Il me dit bien que je me moque de lui, qu'il

» saura en rabattre de ce que j'exige : sa mauvaise hu-
» meur dure un moment, il vient l'instant d'après m'of-
» frir la paix en avouant ses torts. »

Ce que le Dauphin corrigea le plus difficilement dans
son caractère, ce fut un penchant violent pour la plaisanterie mordante, grand défaut dans un prince : on lui
attribue plusieurs allusions ingénieuses, plusieurs bons
mots pleins de sel et d'énergie. Sa vivacité naturelle lui
avait fait contracter dès l'enfance l'habitude de remuer
les pieds lorsqu'il se tenait debout. Une dame de la cour,
qui avait coutume de lui dire librement sa façon de penser, lui donnait un avis à ce sujet. Le prince, qui avait
appris depuis peu que la même dame s'était conduite dans
une affaire d'une manière peu conforme aux principes
rigoureux de droiture dont elle se piquait, lui répondit
en plaisantant : « Je vous avoue, Madame, que plus j'é-
» tudie la cour, plus je me persuade qu'il est bon de sa-
» voir s'y tenir tantôt sur un pied, tantôt sur l'autre. » La
dame, qui ne manquait pas d'esprit, sentit bien où le
coup portait; et le courtisan, qui entend à demi-mot,
n'a pas besoin d'explication.

Une tournure d'esprit délicate et enjouée lui fournissait
quelquefois des traits de satire désespérants pour ceux
qui en étaient atteints. Il s'éleva un jour à cette occasion
une contestation fort vive entre lui et le chevalier de Montaigu. Comme ils ne purent pas s'accommoder, le Dauphin prétendant que le propos qu'il avait tenu n'était
qu'une vérité qu'il était permis de dire sans conséquence,
et le chevalier de Montaigu soutenant qu'il renfermait
une médisance impardonnable, on convint de part et
d'autre de prendre pour arbitre du différent l'abbé de
Saint-Cyr; il était absent, le dauphin lui écrivit : « On
» pourrait peut être, lui dit-il dans sa lettre, m'accu-

». ser de médisance., si je disais que monsieur N. n'en-
» tend rien à la guerre ; que monsieur N. remplit sa
» charge à faire pitié ; que monsieur N. a manqué sa
» vocation; mais me faire un cas de conscience d'avoir dit
» mon sentiment sur la conduite de monsieur N., c'est
». pousser trop loin le scrupule. Au reste, nous vous avons
« fait l'arbitre de notre procès, vous pouvez prononcer,
» votre jugement sera notre règle. » L'abbé de Saint-Cyr
lui répondit qu'il était fâché de ne pouvoir faire pencher
la balance de son côté; qu'il aurait pu, sur son exposé,
soupçonner le chevalier de Montaigu d'être d'une morale
trop austère; mais qu'il lui était tombé entre les mains une
pièce qui faisait preuve contre lui en faveur de son adversaire ; il lui indiqua la date de la lettre que nous venons
de citer, et lui ajouta que, en sa qualité de juge, il le condamnait à tous dépens et dommages envers les personnes
lésées, et que, pour compenser le droit d'épices, dont il
voulait bien lui faire remise, il l'obligeait seulement à
réciter le troisième chapitre de l'Epitre de saint Jacques.
C'est sur ce ton de plaisanterie que l'abbé de Saint-Cyr
donnait ses leçons au Dauphin, quand il reconnut qu'il
suffisait de lui montrer le bien pour qu'il s'y portât.

Les différentes occasions mettaient de jour en jour en
évidence la noblesse de ses inclinations. Lorsque, en 1744,
il vit que le roi se disposait à partir pour se mettre à la
tête de ses armées), il lui fit mille instances, pour obtenir qu'il lui permît d'aller combattre avec lui les ennemis de l'état. Le roi ne crut pas devoir le lui accorder ;
mais pour adoucir la peine que lui causait ce refus, il fut
obligé de lui promettre qu'ils feraient ensemble la première campagne, et nous verrons qu'il lui tint parole.

Ce fut pendant cette guerre que Louis XV essuya la
maladie cruelle qui pensa l'enlever à la France. Le prince

Charles, frère de l'empereur, ayant passé le Rhin et pénétré dans l'Alsace, le roi avait laissé sous les ordres du
maréchal de Saxe les troupes qu'il avait jugées nécessaires pour contenir les Impériaux du côté de fa Flandre;
et lui-même, avec le reste de son armée, avait dirigé sa
marche vers la Lorraine. Arrivé à Metz, il fut attaqué
d'une maladie dont le danger parut d'abord extrême. La
reine, à la première nouvelle de cet accident, était partie
pour se rendre auprès de lui. Le Dauphin voulut la suivre, et dès le lendemain il se mit en route. Le roi en fut
informé, et craignant autant pour la santé de son fils que
pour la sienne, il lui envoya l'ordre de reprendre le chemin de Versailles. Il était déjà à Verdun, quand il ren-
contra l'officier chargé de lui notifier les intentions de sa
Majesté. Ce qui l'eût arrêté en toute autre circonstance,
ne lui parut point un obstacle en celle-ci; et consultant
plutôt son cœur que son gouverneur, il se persuada qu'il
était dans le cas où la tendresse pouvait le dispenser de
l'obéissance; il se trouvait d'ailleurs à très-peu de dis-
tance de l'endroit où le roi était malade : il ne put se ré-
soudre à retourner sans l'avoir vu. Le duc de Châtillon
le suivit plutôt qu'il ne le conduisit. Mais où parut d'une
manière bien touchante toute la sensibilité de son cœur,
ce fut au moment où on lui donna le faux avis que le roi
était à la dernière extrémité et sans nulle espérance de
guérison. Un jeune prince de quinze ans, fils moins affec-
tionné, eût pu découvrir dans le brillant d'une couronne
et dans la perspective de l'indépendance, un motif de
consolation; mais le Dauphin ne vit dans la nouvelle
qu'on lui annonçait, que le malheur affreux de perdre
un père; et c'est dans le premier transport de sa douleur,
que lui échappa cette exclamation si attendrissante, dont
on a parlé dans toute la France : « Ah ! pauvres peuples,

» qu'allez-vous devenir? Quelle ressource il vous reste !
» moi... un enfant... O Dieu ! ayez pitié de ce royaume,
» ayez pitié de moi ! » Le roi était en pleine convalescence
quand le Dauphin arriva à Metz; il le reçut avec bonté,
excusant sa faute par le motif; mais comme il régnait
des maladies dans le pays, et qu'il avait eu un léger ac-
cès de fièvre en arrivant, il le fit partir peu de jours après
pour Versailles. Il n'usa pas de la même indulgence envers le duc de Châtillon : ce fut à l'occasion de ce voyage
qu'il reçut ordre de se retirer dans ses terres. On ne peut
s'empêcher de prendre part à la disgrâce de ce seigneur,
sans qu'on puisse dire néanmoins qu'elle n'ait pas été
méritée, n'eût-elle eu d'autre fondement que de n'avoir
pas obligé le Dauphin de retourner à Versailles, lorsqu'il
sut que c'était la volonté du roi. Les ordres du prince,
quand ils sont formels, ne doivent point être interpré-
tés, mais exécutés, à moins qu'on se trouve dans la circonstance rare de ne pouvoir le faire, sans manquer à ce
qu'on lui doit, ou à ce qu'on doit à sa conscience. Mais
il paraît assez probable que le motif principal de la disgrâce du duc fut qu'ayant cru la maladie du roi désespé-
rée, il avait donné au jeune prince, son élève, des conseils
relatifs à la position où il le croyait, et cette conjecture
est fondée sur ce que disait un jour Louis XV à un seigneur qui tenait note des anecdotes de la cour : il lui demanda s'il se rappelait ce qui était arrivé il y avait quatre
ans, à pareil jour? Sur ce que le seigneur lui répondit
qu'il ne se le rappelait pas : « Consultez votre journal,
» lui dit le roi, vous y verrez la disgrâce du duc de Châ-
» tillon. Vraiment, ajouta-t-il, il se croyait déjà maire
» du palais.» C'est ainsi que ce qui pourrait être envisagé
comme un trait de sagesse, devient quelquefois, par l'é-
vénement, une imprudence impardonnable. Le Dauphin

Le Père de Louis XVI.　　　　　2

fut vivement affligé d'une disgrâce qu'il s'imputait à lui-même. Plein de respect cependant pour les volontés du roi, ses regrets ne furent mêlés d'aucunes plaintes : il s'abstint même pendant quelque temps de parler de son gouverneur. La première fois qu'il le fit, ce fut en se promenant dans le parc de Versailles avec l'abbé de Marbœuf: « Je me rappelle, lui dit-il en lui montrant un banc,
» qu'un jour que j'étais assis en cet endroit avec M. de
» Châtillon, il me donna des avis que je n'oublierai ja-
» mais. » Il lui resta toujours sincèrement attaché. Il se fit un devoir de le protéger en toute occasion, lui, sa famille, ses amis ; et le roi, loin de s'en offenser, applaudissait à son bon cœur.

Cependant la maladie que Louis XV venait d'essuyer, le fit penser à affermir son trône par le mariage du Dauphin. Il jeta les yeux sur Marie-Thérèse, infante d'Espagne. M. de Vauréal, évêque de Rennes, fut chargé de négocier cette alliance auprès de Philippe V. Elle était trop honorable à ce prince, pour qu'il ne s'empressât pas de la conclure. Mais la princesse parut beaucoup plus flattée de l'exposé fidèle qu'on lui fit du mérite personnel du dauphin, que de la perspective du premier trône de l'Europe. La surveille du jour où elle devait arriver, le roi s'avança, avec le Dauphin, à sa rencontre. Ils se joignirent un peu au-dessus d'Étampes, où ils revinrent coucher. Le lendemain on dîna à Sceaux. Le roi et le Dauphin partirent le soir pour Versailles. La future dauphine s'y rendit le lendemain matin, 23 février 1745, jour auquel était fixée la célébration du mariage.

Marie-Thérèse ne manquait d'aucune des qualités qui pouvaient lui attacher le Dauphin. Elle avait de l'élévation dans les sentiments, de la douceur et de l'aménité dans le caractère, une piété solide. Dieu bénit l'alliance où deux jeunes époux, sous les auspices de la religion, se consacraient mutuellement les prémices de leur cœur, et le temps qu'ils vécurent ensemble, ils le passèrent dans l'union la plus intime, sans que le plus léger nuage refroidît d'un seul instant leur tendresse réciproque. Rien, ce semble, ne manquait au bonheur de ces illustres époux ; mais le bonheur, ici-bas, n'est qu'un fantôme qui échappe quand on le saisit, et que nulle puissance humaine ne saurait fixer à sa suite : le Dauphin ne vécut avec l'infante d'Espagne qu'autant de temps qu'il en fallait pour apprécier tout son mérite, et sentir plus amèrement sa perte. Cette princesse s'était déjà montrée à la nation sous des rapports si intéressants, qu'elle emporta, en mourant, ses regrets les plus sincères. Elle laissa une princesse qui ne lui survécut que deux ans.

La tendresse que le Dauphin avait pour son épouse n'avait point de bornes : la douleur qu'il ressentit de sa perte fut extrême. Et, quoiqu'il se soumît par religion aux ordres de la Providence, il était aisé de s'apercevoir que la plaie faite à son cœur n'était pas encore fermée. Cependant comme il était seul héritier du trône, on lui proposa bientôt de nouveaux engagements ; l'amour du bien public obtint son consentement, malgré ses répugnances ; et six mois après avoir perdu une épouse qu'il aimait uniquement, il donna sa main à la fille d'un prince qui était assis sur le trône du roi Stanislas son aïeul. C'est ainsi que les alliances des enfants des princes, au lieu d'être pour eux, comme pour les particuliers, le plus doux exercice de leur liberté, sont souvent de vrais sacrifices, commandés par l'intérêt de l'état, sacrifices pourtant dont on ne pense pas même à leur tenir compte. Mais les bienfaits oubliés des hommes sont ceux que le ciel prend soin de récompenser plus libéralement. Marie-Josèphe de Saxe, que le Dauphin n'épousa que par la seule considération du bien public, fit le bonheur de sa vie par ses vertus. Cette princesse était fille de Frédéric-Auguste, troisième du nom, roi de Pologne, électeur de Saxe. Elle naquit à Dresde le 4 novembre 1732. Quelques personnes ont cru que sa mère, par un amour de prédilection, avait suivi plus particulièrement son éducation que celle des autres princesses ses sœurs; mais cette reine était trop judicieuse et trop bonne mère, pour ne pas partager également ses faveurs et ses soins entre tous ses enfents: cette conjecture n'était fondée sans doute que sur les progrès rapides que fit la jeune princesse dans les différents genres d'études auxquels on l'appliqua. Jusqu'à l'âge de sept à huit ans, on ne lui mit entre les mains que des livres de religion; on ne lui donna que des leçons relatives à cet objet. Elle savait dès-lors l'histoire de l'ancien et du nouveau Testament. Elle était parfaitement instruite sur les règles de la morale. Elle avait sur le dogme toutes les connaissances qui conviennent à une princesse; et ce ne fut que par un certain respect pour l'usage, qu'on différa de lui faire faire sa première communion. Sa piété répondait à ses connaissances; et une personne qui a partagé les soins de son éducation, et qui l'a suivie en France à son mariage, écrivait qu'elle était née vertueuse, et que depuis qu'elle eut le premier usage de la raison jusqu'à sa mort, on ne s'était point aperçu que sa ferveur se fût ralentie un seul jour. « Sa piété, ajouta-t-elle, fut toujours également vive, sincère et active. » Elle était d'un caractère aimable, mais vif et ardent. Elle avait l'esprit juste; et sans aimer à disputer, elle tenait assez à son sentiment, qui était, en effet, presque toujours le meilleur. Quoique plusieurs des princes et princesses,

ses frères et sœurs, eussent sur elle l'avantage de l'âge ,
elle avait le talent de les amener à sa façon de penser ,
sans même qu'ils s'en aperçussent. Mais ayant l'âme élevée et le cœur bon , jamais elle n'usa que pour des vues
louables de cette espèce d'empire que lui donnait la supériorité de son esprit et de ses connaissances. Outre sa
langue naturelle, on lui enseigna la latine, la française et
l'italienne. Le dessin, la danse et musique entrèrent aussi
dans le plan de son éducation. Elle était d'une avidité
extraordinaire pour apprendre. Lorsque les maîtres chargés de lui donner ses différentes leçons retardaient de
quelques instants : « Voilà, leur disait-elle en regardant
sa montre , tant de minutes perdues, » Ses progrès répondaient à son ardeur pour l'étude, et étonnaient ses
instituteurs. Elle parvint à expliquer, à livre ouvert et
avec la plus grande aisance, les auteurs latins et italiens,
poètes et autres. Le français était, des langues qu'elle
savait, celle qui lui était la moins familière; elle l'é-
crivit et la parla dans sa plus grande pureté; et, à un
petit accent près, qu'elle conserva toujours dans la
prononciation, et qui ne déplaisait pas, on n'eût
point soupçonné, à l'entendre, qu'elle parlât une langue
étrangère.

La princesse était âgée d'environ treize ans, lorsqu'il
lui fut annoncé, d'une manière assez singulière, qu'elle
deviendrait dauphine de France. La curiosité l'avait conduite dans l'intérieur du monastère des dames du Saint-
Sacrement, à Varsovie. Étant entrée dans les dortoirs,
qu'elle parcourait à pas précipités ; une religieuse qui
vivait dans la maison en grande réputation de sainteté se
trouva sur son passage, la prit sans façon par la main ,
et l'arrêta tout court au milieu d'un dortoir. « Madame ,
» lui dit-elle, en la fixant attentivement, connaissez-

» vous celle qui a l'honneur de vous tenir la main? — Je
» crois, lui répondit la princesse, qui l'avait déjà vue,
» que vous êtes la mère Saint-Jean. — Oui, lui répliqua
» la religieuse ; mais je m'appelle aussi dauphine; et je
» vous déclare, souvenez-vous-en un jour, qu'une dau-
» phine tient la main d'une autre dauphine. » Autant le
compliment eût paru flatteur dans une autre circonstance,
autant il parut déplacé, et en quelque sorte impertinent
dans l'état actuel des choses. Car, outre que les intérêts de la cour de France étaient absolument opposés à
ceux de la maison de Saxe, Louis XV avait déjà fait la
demande de l'infante d'Espagne pour le dauphin. Les
gazettes avaient annoncé, par toute l'Europe, la conclusion de cette alliance; les dames du Saint-Sacrement ne
l'ignoraient point; aussi la jeune princesse attribua-t-elle
à la faiblesse de l'âge ce que lui disait la religieuse; elle
dit même aux dames de sa suite, que la mère Saint-Jean
commençait un peu à radoter; et elle ne fit pas plus de
cas de sa prédiction, que n'en fait une personne sensée
des pronostics d'un diseur de bonne aventure; en sorte
que lorsqu'elle fut sur le point de se vérifier, elle ne se
la rappella nullement. Mais quelques jours avant
son départ pour la France, la religieuse lui fit dire
qu'elle lui demandait pour grâce de ne pas la regarder comme une radoteuse. La princesse fut étrange-
ment frappée, en comparant l'événement avec la prédiction qui lui avait été faite. Les dames du Saint-Sacrement
rendirent la chose publique à Varsovie; et bientôt on en
parla en France, et surtout à la cour. Mais comme la
dauphine n'en avait jamais rien dit, les personnes pru-
dentes avaient toujours traité ces bruits de fables popu-
laires. L'abbé Soldini, son confesseur, était de ce nombre; et, pour être en état de les décréditer avec plus

d'autorité, il en parla à la dauphine, et la pria de lui dire ce qui aurait pu y donner occasion. La princesse le surprit beaucoup, en l'assurant que tout ce qu'on lui avait raconté, était vrai, jusque dans la moindre circonstance. Elle ajouta qu'elle ne croyait point que ce fût à elle à divulguer ce fait, mais que, puisqu'il était bien aise d'en être éclairci, elle ne pouvait se dispenser de rendre ce témoignage à la vérité.

Laissant à chacun, comme la dauphine, la liberté de penser ce qu'il voudra sur la nature de cette prédiction, il me semble au moins qu'on ne saurait méconnaître, dans son accomplissement, cette Providence admirable qui préside à tous les événements, qui tourne à son gré le cœur des rois, et donne de temps en temps à l'univers de ces spectacles qui étonnent et déconcertent la politique et la sagesse humaine. Un traité de paix avait assuré à Frédéric la possession de la Pologne, et conservé à Stanislas le titre de roi ; mais quel fond peut-on faire sur un traité, par lequel un roi cède sa couronne ? C'est un feu qu'on a couvert et qui peut, au premier souffle, se rallumer avec plus de fureur. Louis XV, en prince judicieux et sincèrement ami de la paix, crut qu'il n'y avait pas de moyens plus sûr de la fixer entre les deux puissances, que le mariage du Dauphin avec une princesse de la maison de Saxe ; il le fit proposer : le duc de Richelieu fut chargé d'aller faire la demande de la princesse Marie-Josèphe, dont le mérite n'était pas inconnu à la cour de Versailles. La proposition surprit agréablement le roi de Pologne. L'alliance fut conclue ; et, peu de temps après, la princesse partit pour la France. Deux jours avant son arrivée à la cour, le roi et le Dauphin s'avancèrent à sa rencontre : on se joignit près de Brie-Comte-Robert ; la princesse descendit la première de voiture, courut se jeter aux genoux du roi, et lui demanda son amitié. Le roi la releva en l'embrassant, et la présentant au Dauphin. Après les compliments de la première entrevue, le roi, le Dauphin et la princesse montèrent dans le même carrosse, et vinrent coucher à Corbeil. On dîna le jour suivant à Choisy. Le roi et le Dauphin en partirent le soir pour Versailles. La princesse s'y rendit le lendemain, 8 février 1747, jour auquel était fixée la célébration des noces.

Par cette alliance, la maison de Saxe a servi à perpétuer les descendants d'un prince qu'elle avait dépouillé de ses États. Nous vîmes habiter en même temps, sous le même toit, deux princesses de Pologne, filles de deux rois rivaux, et dont l'une eût pu dire à l'autre : Votre père a détrôné le mien. Mais où parut bien l'empire de la religion, c'est dans cette union inaltérable qui régna toujours entre la reine et la Dauphine ; c'est surtout dans cette tendre affection que Stanislas témoigna toute sa vie à la fille de celui qui était assis sur son trône. Ce prince avait pour elle les sentiments d'un père pour sa fille ; les malheurs qu'elle essuya pendant son séjour en France devinrent les siens par la part qu'il y prit. Il reçut à sa cour, et il combla de mille marques de bonté, le comte de Lusace, son frère, et la princesse Christine, sa sœur. J'en trouve les preuves dans une infinité de lettres que lui adresse la Dauphine : « Les bontés que Votre Majesté
» m'a toujours témoignées, lui dit-elle entre autres cho-
» ses, me font espérer que vous voudrez bien aussi les
» accorder, à ma recommandation, au comte de Lusace,
» qui aura l'honneur de vous faire sa cour, et de vous
» remettre cette lettre... Je voudrais pouvoir exprimer
» de vive voix à Votre Majesté toute la reconnaissance
» dont je suis pénétrée pour les bontés dont vous venez

» de combler ma sœur ; mais je ne puis que la sentir.
» Plus heureuse que moi, elle va être, à portée de vous
» faire sa cour ; j'ose encore vous la recommander. La
» douleur que j'ai de me séparer d'elle ne trouve d'adou-
» cissement que dans les bontés que vous lui témoi-
» gnez... »

La raison peut bien admirer ces beaux sentiments ;
mais la religion peut seule en être le principe. Non, il
n'y a qu'une religion sainte et divine qui puisse rapprocher ainsi et unir si étroitement des cœurs que les intérêts
les plus puissants et les plus sensibles semblaient devoir
mettre pour jamais en opposition.

La Dauphine, à la vérité, ne manquait d'aucune des
qualités qui peuvent intéresser ; mais les plus rares qualités, aux yeux de la prévention, ne sont souvent que
des défauts ; et dans une cour aussi polie, mais moins
religieuse que ne l'était celle de France, c'eût été beaucoup pour la jeune princesse que ses empressements
n'eussent été payés que par des froideurs ; et tout son
mérite ne l'aurait point mise à l'abri de bien des désa-
gréments. Dès son arrivée à Versailles, elle reconnut la
disposition des cœurs, et jugea qu'elle n'avait à craindre, de qui que ce fût, ni ressentiment, ni indifférence ;
mais cela ne lui suffisait pas. Pouvant assez compter sur
l'amitié du roi, puisqu'elle était à la cour par son choix,
elle voulut d'abord gagner l'affection de la reine, le cœur
du Dauphin, la confiance de la famille royale, et l'estime
de tous. L'entreprise était digne de son cœur et de sa religion ; elle y réussit.

La France et l'Europe entière avait les yeux fixés sur
cette jeune princesse, et la plaignaient de se trouver dans
une situation si critique. On se demandait comment elle
vivrait avec la reine, comment elle gagnerait l'affection

2..

du Dauphin? Le peuple politiquait, le courtisan examinait ; mais Dieu agissait, sa sagesse dirigeait la princesse,
qui parut toujours la moins embarrassée de tous. Nous
nous contenterons de citer ici quelques traits pris entre
une infinité d'autres, qui tous étaient bien propres à lui
concilier les cœurs, et à donner de sa personne l'idée la
plus avantageuse. Quand le Dauphin, la première nuit de
ses noces, entra dans son appartement, à la vue de plusieurs meubles qui avaient été à l'usage de sa première
épouse, tous les sentiments de sa douleur se réveillèrent;
quelques efforts qu'il fît, il ne fut pas maître de retenir
ses larmes; la Dauphine les vit couler. Toute autre, en
pareille circonstance, eût cru s'être tirée avec adresse,
en feignant de ne pas les apercevoir; mais elle entra dans
les sentiments du Dauphin; elle prit part à sa douleur,
et mêlant ses larmes aux siennes : « Donnez, Monsieur,
» lui dit-elle, un libre cours à vos larmes, et ne crai-
» gnez point que je m'en offense; elles m'annoncent, au
» contraire, ce que j'ai droit d'espérer moi-même, si je
» suis assez heureuse pour mériter votre estime. » Le
troisième jour après son mariage, elle devait, suivant
l'étiquette, porter en bracelet le portrait du roi son père.
Quoiqu'on se fût déjà fait de part et d'autre des protes-
tations bien sincères d'oublier pour toujours les démêlés
des deux cours, on sent assez qu'il devait en coûter à la
fille de Stanislas, de voir porter comme en triomphe,
dans le palais de Versailles, le portrait de Frédéric. Une
partie de la journée s'était déjà passée, sans que personne eût osé fixer ce bracelet, qui avait quelque chose
de plus brillant que ceux des jours précédents. La reine
fut la première qui en parla. « Voilà donc, ma fille, lui
» dit-elle, le portrait du roi votre père? — Oui, maman,
» répondit la Dauphine en lui présentant son bras, voyez

» qu'il est ressemblant : » c'était celui de Stanislas. Ce
trait fut admiré et applaudi de toute la cour. La reine
sentit tout ce qu'il valait ; elle en témoigna sa satisfaction
à la jeune princesse, qui lui devenait plus chère de jour
en jour.

Cependant le Dauphin n'avait pas encore perdu le sou-
venir de sa première épouse ; il en parlait toujours avec
complaisance ; la Dauphine, de son côté, paraissait pleine
de vénération pour sa mémoire ; elle engageait elle-même
le Dauphin à l'entretenir de ses rares qualités, et lui
protestait en toute occasion, que tous ses soins se por-
teraient à connaître ses vertus, et toute son ambition à
lui ressembler. Des procédés si généreux ne pouvaient
manquer de faire la plus vive impression sur le Dauphin. Il sentait croître de jour en jour son attachement
pour sa nouvelle épouse, et pouvait à peine en croire son
cœur. Mais rien ne lui fit mieux connaître le trésor qu'il
possédait en sa personne, et combien elle était digne de
toute sa tendresse, que la maladie qu'il essuya en 1752.
C'était une petite-vérole, qui s'annonça par des symptô-
mes effrayants. La Dauphine s'étant rappelée qu'un jour
il lui avait dit qu'il redoutait cette maladie, parce que
souvent elle ne laisse pas au malade le temps de se reconnaître, elle forma le dessein de lui en laisser ignorer
la nature, et elle y réussit. Elle imagina de composer et
de faire imprimer, exprès pour lui, une Gazette de
France dans laquelle, sans avancer cependant rien de
faux, elle parlait de sa maladie en termes généraux, et
propres à éloigner de son esprit tout soupçon que ce pût
être la petite-vérole. Elle passait la journée entière auprès de lui, et ne sortait de sa chambre que fort avant
dans la nuit, lorsqu'on l'obligeait d'aller prendre quelque repos. C'était peu pour sa tendresse de lui présenter

elle-même tout ce qu'il prenait, de chercher à l'égayer par ses propos, elle avait la plus grande attention à lui procurer une situation commode dans son lit ; elle se livrait avec un air de satisfaction aux offices les plus rebutants, et dont je craindrais que le détail n'offensât la délicatesse du lecteur ; en sorte qu'un célèbre médecin, qu'on avait mandé par extraordinaire, et qui ne connaissait point la cour, frappé de tout ce qu'il voyait faire à la princesse, la prit pour une garde-malade. « Voilà, dit-il » en la montrant à quelqu'un, une petite femme qui est » impayable pour ses attentions, son air aisé et son assi- » duité à servir M. le Dauphin ; comment l'appelez- » vous ? » Sur ce qu'on lui répondit que c'était madame la Dauphine, il se reprocha beaucoup de ne lui avoir pas donné, dans les occasions, les marques de respect qui lui étaient dues. « Oh bien ! s'écria-t-il ensuite, que je » voie encore nos petites dames de Paris faire les pré- » cieuses, et craindre d'entrer dans la chambre de leurs » maris quand ils sont malades, comme je les enverrai » à cette école ! » Un jour qu'on représentait à la princesse le danger auquel elle exposait elle-même sa santé, en se ménageant si peu, et en respirant habituellement l'air d'une maladie contagieuse, elle fit cette belle réponse : « Eh ! qu'importe que je meure, pourvu qu'il ». vive ! La France ne manquera jamais de Dauphine, si » je puis lui conserver son Dauphin. »

Ce prince sentit tout le prix des attentions de sa vertueuse épouse ; et pendant sa convalescence, il ne se lassait pas d'en parler. « Non, disait-il quelquefois, ce » n'est qu'à ses soins et à ses prières que je suis redeva- » ble de la vie. — Vous m'avez fait prendre le change sur » la nature de ma maladie, lui disait-il un jour en riant, » cela n'est pas bien : avez-vous eu soin d'en tenir note

» dans votre examen de conscience? — Oh! vraiment,
» lui répond la Dauphine, j'aurais bien de la peine à
» m'exciter à la contrition de la faute que vous m'impu-
» tez ; car il me semble qu'en pareille occasion, j'y re-
» tomberais tout de nouveau. »

LIVRE SECOND.

Tout semblait inviter le Dauphin à se produire sur le
théâtre de la cour : son rang, son âge et son esprit pouvaient lui répondre qu'il y paraîtrait d'une manière dis-
tinguée. L'appât était séduisant, mais le prince était
prudent, il sut s'en défendre. Il ne s'en tint pas là :
persuadé que l'héritier du trône, sans aspirer à la réputation précoce d'homme instruit, ne doit songer qu'à la
mériter par l'étude de ses devoirs, il résolut de consacrer
ses travaux et ses veilles à s'instruire de toutes les connaissances nécessaires ou utiles au gouvernement des
peuples ; et il s'appliqua à donner le change au courtisan
sur l'étendue de ses vues et le genre de ses occupations :
il y réussit parfaitement. Pendant son enfance, on ne
parlait que de son esprit ; mais après son éducation, il
sembla rester dans l'inertie, on n'en fit plus mention.

Ceux qui parlaient le plus avantageusement du Dauphin, disaient de lui : « C'est un bon prince. » On relevait quelquefois les qualités de son cœur ; mais on gardait le silence sur celles de son esprit. Comme les intrigues de cour, le jeu, la table, et tous ces amusements frivoles qui occupaient l'oisiveté de la plupart des grands, ne prenaient aucun de ses moments, bien des gens ne pouvaient imaginer à quoi il passait le temps, et rien n'était plus ordinaire que d'entendre faire cette question : « *Qu'est-ce donc que fait le Dauphin ?* » A cela les uns répondaient d'un air de pitié : « *Hélas! on n'en sait rien;* » d'autres, d'un ton affirmatif et en gens mieux instruits, disaient : « *Il passe le temps à apprendre la musique; on l'entend* » *souvent chanter avec la Dauphine.* » Le prince, au lieu de se montrer, pour faire tomber ces bruits impertinents, se cachait avec un nouveau soin, comme s'il eût été bien aise de les accréditer. Mieux instruit que personne des affaires, il se comportait en public comme s'il n'y eût pris aucune part ; ses conversations ne roulaient jamais que sur des objets indifférents et de nulle conséquence. Il avait, il est vrai, le talent d'orner les choses les plus communes de toutes les grâces du discours. Mais ceux qui avaient la simplicité de croire que les matières qu'il traitait en leur présence étaient ses affaires sérieuses, devaient naturellement le mettre au rang des beaux diseurs de riens. « Avouez, Madame, disait-il un jour à » une personne d'esprit qui assistait souvent à ses repas, » que pour quiconque a un bon esprit, nos propos sont » bien fades, et nos conversations bien décharnées. » Mais que faire? Il faut bien nous montrer à l'unisson. » Comment donner notre confiance à des hommes dont » les uns sont continuellement sur la défensive avec nous, » et les autres ne nous écoutent que pour tirer des consé-

» .quences ridicules, à l'occasion d'une parole qui nous
» sera échappée sans dessein ? » Quelque désir cependant
qu'eût le Dauphin de laisser ignorer les qualités de son
esprit, elles jetaient par elles-mêmes un si brillant éclat,
qu'il eût eu de la peine à y réussir, si l'envie ne l'eût
secondé ; mais il avait trop de vertu pour que bien des
gens ne profitassent pas des moindres apparences désa-
vantageuses qui pouvaient prêter à leur malignité. La
nouvelle philosophie, surtout, ne lui donna jamais que
des lumières très-bornées ; et bien convaincue que son
règne finirait où commencerait celui de ce prince, on eût
dit qu'elle voulait préparer par avance une sorte de consolation à son impiété, en s'efforçant d'obscurcir la gloire
de celui qui devait lui porter son dernier coup. Le Dauphin était parfaitement instruit de cette disposition de la
secte à son égard, et il en riait. Un jour qu'un seigneur
de sa confiance, après avoir passé quelque temps à Paris,
venait lui faire sa cour : « Eh bien, lui dit-il en plaisan-
» tant, que disent nos grands génies et nos philosophes
» de Paris ? qu'ils ont bien de l'esprit, et que le Dauphin
» en a une bien petite dose ? » Il aimait la vérité ; on lui
» avoua qu'il devinait juste. « Vraiment, reprit-il, il y
» aurait là de quoi me donner de l'amour-propre : j'ai
» toujours cru qu'un Dauphin devait éloigner de lui
» jusqu'au soupçon de prétendre] au suffrage de ces
» esprits ; je croirais presque avoir réussi. »

Quand ce prince eut fini son éducation, à cette époque
périlleuse, où tant de jeunes gens se laissent folle-
ment éprendre des charmes d'une liberté dont la jouis-
sance même les conduit au repentir, c'est alors qu'on le
vit s'attacher plus fortement à la pratique de la vertu, et
faire ses délices d'une vie sérieuse et occupée. Il compara,
sans se flatter, ses connaissances avec l'étendue des de-

voirs d'un prince destiné à régner : cette comparaison
l'effraya, et lui fit sentir, comme il le disait un jour à l'é-
vêque de Senlis, la nécessité de *reprendre son éducation
sous œuvre*. Cette parole, qui fut rendue publique , in-
duisit bien des gens en erreur; et, au lieu d'y reconnaître les vues étendues d'un jeune prince qui avait assez
bien profité de ses premières études pour en sentir l'in-
suffisance et la nécessité de s'y perfectionner, on jugea
qu'il les avait entièrement négligées, ou qu'il n'en avait
tiré qu'un médiocre avantage; la conclusion n'était pas
juste : il n'était encore qu'un enfant, que l'idée seule de
l'ignorance l'effrayait; et, toute sa vie, il la regarda
comme un vice capital dans un prince. « Il est rare, dit-
» il, qu'un roi forme, de sang-froid, le projet de mettre
» ses sujets en esclavage; l'humanité s'y oppose, son
» intérêt propre l'en détourne ; mais l'ignorance y con-
» duit : de là tous les maux. » D'après ce principe, et
pour mieux assurer l'exécution du plan qu'il s'était tracé,
il associa à son travail l'abbé de Saint-Cyr, dont il connaissait les lumières, et qui eut alors plus de peine à
modérer son ardeur pour l'étude, qu'il n'en avait eu à
l'exciter dans son enfance.

Il reprit d'abord l'étude des belles-lettres. Cicéron et
Horace étaient parmi les Latins ses auteurs favoris. Il
lut les discours et les ouvrages philosophiques du premier. Il fit des notes sur son Traité des Offices, et il les
écrivit de sa main sur la marge d'un exemplaire de l'édi-
tion de l'abbé d'Olivet. Ce livre se trouvait dans la bibliothèque de Louis XVI. Horace lui était si familier, qu'il
le savait presque entièrement par cœur. « Quelque pièce
» de ce poëte qu'on lui commençât, disait le respectable
» prélat précepteur des princes ses fils, il était prêt à
» la continuer. » Il savait apprécier les beautés de la

langue latine, il en sentait toute la délicatesse à la simple lecture. M. Le Beau, professeur d'éloquence au collége royal, lui présenta un jour un discours qu'il avait composé à l'occasion de la paix : il voulut le lire avec lui; les plus beaux morceaux ne lui échappèrent pas. Il fit remarquer à l'auteur qu'un certain verbe dont il avait fait usage était moins énergique et moins propre qu'un autre qu'il lui cita : l'académicien sentit et avoua aussitôt que la réflexion du prince était juste, et substitua le mot indiqué.

Sa facilité pour les langues était si grande, qu'ayant entrepris d'apprendre l'anglais sans le secours d'aucun maître, il parvint en fort peu de temps à le savoir parfaitement. Il prenait plaisir à traduire les endroits les plus intéressants des meilleurs ouvrages écrits en cette langue. Ce qui suit est du *Spectateur anglais*. « Je ne
» connais pas de plus grand mal sous le soleil que l'abus
» de l'esprit; et cependant il n'y a pas de mal plus com-
» mun. Il est répandu dans les deux sexes et dans tous les
» états... Il n'y a rien de plus monstrueux dans la nature,
» qu'un méchant homme qui possède de grands talents.
» J'ai souvent réfléchi sur cette étrange humeur des
» femmes, qui sont toujours frappées de ce qui a de l'ap-
» parence, et n'est que superficiel... Je me rappelle une
» jeune dame que deux rivaux importuns cherchaient en
» mariage avec un égal empressement. L'un et l'autre,
» pendant plusieurs mois, firent tout ce qu'ils purent
» pour se faire valoir par leurs manières officieuses, et
» par l'enjouement de leurs conversations. Cependant,
» comme la rivalité subsistait toujours, et que la dame
» n'était point encore déterminée sur son choix, l'un de
» ces jeunes amants s'avisa d'ajouter un galon de plus à
» ses habits de livrée; ce qui fit un si bon effet, qu'elle
» l'épousa la semaine d'après.

» La conversation des femmes contribue beaucoup à
» entretenir en elles cette faiblesse de se laisser prendre
» par les dehors et les apparences. Parle-t-on de nou-
» veaux mariés? Elles demandent d'abord s'ils ont un
» carrosse à six chevaux, de la vaisselle d'argent, etc.
» Prononcez le nom d'une dame absente, il y a dix contre
» un à parier que vous apprendrez quelque chose de sa
» robe et de sa coiffure. Le bal leur est d'un grand secours
» pour les conversations. Une parure de pierres précieu-
» ses, une jupe, une veste, un chapeau avec un bouton
» de diamant, sont des sujets toujours prêts pour elles.
» Elles ne considèrent dans les personnes que leur ha-
» billement, sans jamais porter leurs regards sur ces
» ornements de l'âme, qui les rendent illustres par el-
» les-mêmes et utiles aux autres.

» Amélie, quoique femme de grande qualité, fait ses
» délices de la vie retirée de la campagne, où elle passe
» la plus grande partie de son temps. Son mari, qui est
» en même temps son ami le plus intime, et son compagnon
» dans la solitude, n'a jamais cessé de l'aimer depuis
» qu'il l'a connue. Ils ont beaucoup de bon sens, une
» vertu achevée... Leur famille est si bien réglée, qu'elle
» semble être une petite république. On y partage son
» temps entre les devoirs de la piété, les occupations, les
» repas et les amusements... Ils sont aimés de leurs en-
» fants, adorés de leurs domestiques; ils sont les délices
» de tous ceux qui les connaissent.

» Combien est différente la vie de Fulvie! Elle regarde
» son mari comme son intendant. L'attention sur l'éco-
» nomie, et sur tout ce qui se passe dans la maison, lui
» paraît de petites vertus bourgeoises, indignes d'une
» femme de qualité. Elle croit perdre son temps, quand

» elle est dans sa famille. Elle s'imagine n'être pas au
» monde, quand elle n'est pas à des cours, à des specta-
» cles, à des assemblées. Elle ne se trouve jamais bien
» dans un endroit, quand elle pense qu'ailleurs il y a
» plus de monde. Manquer à la première représentation
- » d'un opéra lui ferait plus de peine que de perdre un de
» ses enfants. Elle a pitié des personnes les plus estima-
» bles de son sexe qui mènent une vie décente, modeste
» et retirée ; elle dit qu'elles n'ont ni esprit ni politesse.
» Quelle mortification ne serait-ce point pour Fulvie, si
» elle savait que plus elle se montre, plus elle paraît ri-
» dicule, et qu'elle devient plus méprisable à mesure
» qu'on la voit davantage ! »

Ce prince lisait volontiers Pope. Voici comment il rend
sa comparaison d'Homère avec Virgile : « Homère fut le
» plus grand génie, et Virgile le meilleur artiste. Dans
» l'un nous admirons plus l'auteur, et dans l'autre l'ou-
» vrage. Homère nous transporte et nous entraîne avec
» empire et impétuosité, Virgile nous attire par une
» majesté séduisante. Homère répand avec une géné-
» reuse profusion ; Virgile distribue avec une magnifi-
» cence réglée. Homère, semblable au Nil, verse ses
» richesses avec une espèce de débordement ; Virgile est
» semblable à une rivière qui, renfermée dans ses limi-
» tes, coule avec constance et modération. Quand je con-
» sidère leurs batailles, ces deux poëtes me paraissent
» ressembler aux héros qu'ils ont célébrés. Homère,
» comme Achille, ne connaît ni limites ni résistance ; il
» renverse tout ce qui s'oppose à lui ; et plus sa témérité
» augmente, plus il paraît brillant ; Virgile, hardi, mais
» avec tranquillité, comme Énée, paraît sans trouble au
» milieu même de l'action. Il arrange tout ce qui est
» autour de lui, et il est encore tranquille après la vic-

» toire. Quand nous considérons leurs divinités, Homè-
» re, semblable à son Jupiter, ébranle l'Olympe, fait
» briller des éclairs, et met tout le ciel en feu. Virgile
» ressemble au même Dieu, lorsqu'il tient ses conseils
» avec les dieux inférieurs, qu'il forme des plants pour
» les empires, et qu'il met l'ordre et la règle dans tout
» ce qu'il a créé. »

Le soin que prit le Dauphin de cultiver cette langue
était conforme à ce qu'il dit dans un de ses écrits : « Il
» convient qu'un prince sache la langue des peuples avec
» lesquels il doit traiter plus souvent, et sur les matiè-
» res les plus importantes. » Il joignait à cette grande
facilité pour les langues, une mémoire heureuse, dont
il faisait surtout usage pour apprendre les plus beaux
morceaux, et quelquefois des pièces et des discours en-
tiers des meilleurs auteurs anciens et modernes. Le chancelier d'Aguesseau étant venu lui faire sa cour : « M. le
» chancelier, lui dit-il, me réciteriez-vous bien le dis-
» cours que vous avez prononcé en telle occasion? » Tout
ce que ce savant chef de la magistrature put se rappeler,
c'est qu'il était, de tous ceux qu'il avait faits, celui dont
il était le plus content : « Eh bien ! lui dit le Dauphin,
» je suis charmé que mon jugement s'accorde avec le
» vôtre; j'ai trouvé cette pièce si belle, que je l'ai ap-
» prise par cœur, et je crois me la rappeler assez bien
» pour vous la déclamer. » Ce qu'il fit sur-le-champ,
mais en mettant dans son action tant d'âme et de feu,
que le chancelier en fut attendri jusqu'aux larmes, et il
disait depuis que jamais ses productions ne lui avaient
paru si énergiques que dans la bouche du Dauphin. Ce
prince retenait aussi sûrement qu'il apprenait avec aisance.
Six mois après qu'on lui avait parlé d'une affaire, il se
la rappela dans toutes ses circonstances, comme si on

l'en eût entretenu le jour même. Il demandait à l'évêque de Mirepoix son sentiment sur l'endroit d'un ouvrage qui paraissait depuis long temps; l'évêque lui répondit qu'il n'en avait point l'idée : « Vous n'avez donc pas lu l'ou-» vrage, lui dit le Dauphin? — Je l'ai lu dans le temps, » reprit le prélat, mais je ne l'ai pas appris par cœur. » — Ni moi non plus, répliqua le Dauphin, mais je » vous dirais bien encore tout ce qu'il contient; » et en même temps il en fit l'analyse avec autant de netteté et de précision que s'il n'eût fait que de le lire.

Tant d'heureuses dispositions, jointes à un travail sui-vi., lui ornèrent l'esprit des plus belles connaissances. Après avoir étudié, il composa lui-même. A l'âge de dix-sept ans, il s'exerça sur divers sujets d'éloquence; et ses premiers essais en ce genre furent si heureux, qu'on les eût regardés plutôt comme des chefs-d'œuvre d'un maî-tre de l'art, que comme les productions d'un jeune prin-ce. « Il écrivait, dit le cardinal de Luynes, avec toute la » pureté d'un grammairien, et en même temps avec » cette noblesse de style, assortie à la sublimité de son » rang : j'ai vu des morceaux de sa composition, dignes » des plus grands orateurs. » Quand il était plein de son sujet, il le traitait avec une aisance merveilleuse; les tours et les expressions les plus heureuses en lui coûtaient rien. L'officier chargé de sa bibliothèque assurait qu'il avait souvent écrit, sous sa dictée, des pièces qui avaient toute la perfection de style dont elles étaient susceptibles. Nous aurons occasion de citer, dans la suite, quelques morceaux de sa composition, qui ont été imprimés tels qu'il les avait dictés, et qui portent l'empreinte du bon goût. La lettre suivante, qu'il écrit à l'abbé de Saint-Cyr, annonce une critique fine et judicieuse.

« Le porteur de ma lettre, cher abbé, vous donnera

» des nouvelles de ma santé. Quant à mes occupations,
» j'ai fort bien profité de l'avis que vous m'aviez donné
» de n'en prendre qu'à mon aise. J'ai beaucoup lu, et
» j'espère, Dieu merci, n'avoir guère profité de mes lec-
» tures. J'ai surtout lu force discours académiques, dont
» quelques-uns m'auraient assez plu pour le sujet; mais
» on voit régner partout, dans ces nouveautés, un style
» à prétentions qui révolte, et passe souvent de beaucoup
» les bornes communes du ridicule. N'en attendez point
» d'analyse. Voici, en général, ce qui m'en est resté :
» l'un couche sur le papier quelques centaines de propo-
» sitions, de quatre mots chacune, avec un point au
» bout, et prétend avoir donné un discours. Un autre,
» non content de parler en syllogismes, a soin de m'en
» avertir, en disant : *C'est ainsi que je procède, voici*
» *comme je démontre*; et ses démonstrations, et ses
» processions ne finissent point, et mènent toujours fort
» loin de la région du bon sens. J'en vois qui, hérissés
» de philosophie, ne parlent que par *raison directe* ou
» *inverse*, par *quantités* ou *quotités*, par *produits*, par
» *somme*, et par *masse*.

» Le style oriental est du goût de la plupart; mais on
» est surpris, en lisant, de voir leurs phrases colossales
» n'accoucher que l'idées puériles ou sans vigueur. Il
» s'en trouve qui, possesseurs d'un certain nombre de
» phrases qui ne sont qu'à eux, les distribuent, le compas
» à la main, pour l'ornement de leurs discours. Plu-
» sieurs, persuadés sans doute qu'il est beau de se faire
» étudier, et qu'un homme d'esprit ne s'énonce point
» comme un autre pour se faire entendre, ne nous par-
» lent que sur le ton énigmatique de Nostradamus. Je
» vous condamne à lire une pièce que j'ai lue moi-même
» d'un bout à l'autre, sans pouvoir deviner le but de

» l'auteur : il m'est seulement resté un violent soupçon
» qu'il a voulu comparer les anciens écrivains avec les
» modernes ; je suis curieux de savoir si vous penserez
» comme moi là-dessus. Savez-vous le trait d'un prédi-
» cateur dont l'évêque ne doute nullement, et qui mérite
» au moins d'être vrai : las de prêcher sans auditoire,
» le nouveau Cotin s'avisa, par le sage conseil d'un be-
» deau de paroisse, de substituer les mots de *bienfai-*
» *sance* et d'*humanité* à celui de *charité* qui régnait
» auparavant dans son sermon sur l'amour du prochain,
» ce qui lui mérita sur-le-champ une de ces réputations
» qui font tourner la tête, au point qu'il demandait fort
» sérieusement si les termes *Chrétiens, mes frères*, etc.,
» commençant à vieillir, il ne serait pas à propos d'y
» substituer celui de *Français*, ce qui nous rapproche-
» rait des anciens orateurs, qui quand ils parlaient en
» public, disaient : *Athéniens, Romains*. A cela, cer-
» tain goguenard s'écrie que le projet de réforme est
» digne d'immortaliser son auteur ; mais il ajoute que,
» comme nos prédicateurs ne sont pas sensés parler à
» tout le peuple, comme les orateurs dans l'Aréopage ou
» dans le Sénat, il vaudrait mieux encore particulariser,
» et dire, par exemple, *Sulpiciens* quand on parlerait aux
» paroissiens de Saint-Sulpice, *Jacobins* dans l'église
» de Saint-Jacques, ainsi du reste ; et l'on s'en tint à
» cet avis moyen. Qu'en pensez-vous, l'abbé ? Pour moi,
» je vous conseille d'être le premier, s'il est possible,
» qui le mettiez à profit, et vous pouvez compter que
» Bourdaloue ni Massillon ne mériteront plus de vous
» être comparés. Mais, à propos de sermons, ne man-
» quez pas de venir me débiter les vôtres : j'éprouve
» à chaque instant le besoin que j'en ai. Surtout ne
» mangez point l'ordre : au 24, je vous l'intime de

» de nouveau, et suis avec les sentiments que vous m'ins-
» pirez, Louis, Dauphin. »

L'abbé de Saint-Cyr, qui ne laissait échapper aucune
occasion de donner au jeune prince quelque leçon utile,
lui fit cette réponse :

« Monseigneur ; votre lettre m'annonce assez que vous
» profitez de mon avis, et j'en suis très-flatté : il faut vous
» délasser, parce que je vous prépare de la besogne. Vous
» ne vous exprimez pas tout-à-fait juste, quand vous
» dites que vous n'avez point profité de vos lectures; votre
» lettre vous trahit; mais cela s'entend. Je vois que vous
» connaissez parfaitement ce que valent ces littérateurs
» à la mode; et vous sentez mieux que moi, sans doute,
» que le tort qu'ils peuvent faire dans la république des
» lettres, n'approche point de celui qu'ils font tous les
» jours à la religion et aux mœurs. Et c'est là, Monsei-
» gneur, le point qui intéresse spécialement un grand
» prince.

» Semblables aux charlatans qui attroupent le peuple
» par leurs quolibets pour débiter leur orviétan, ces
» hommes audacieux, à la faveur de leur langage nou-
» veau, fixent l'attention de la multitude, qu'ils séduisent
» d'autant plus sûrement qu'ils prennent toujours les
» intérêts de la licence contre l'autorité qui la réprime.
» A les entendre, ils sont les hommes du monde les plus
» désintéressés, les plus généreux; ils ne plaident que
» la cause commune du genre humain contre les tyrans
» qui l'oppriment. Ils le disent, et le bon public les en
» croit sur leur parole. Mais suivez-les, vous aurez bien-
» tôt découvert leurs manœuvres : vous verrez que ces
» hommes, nés pour la plupart dans l'obscurité, vivent
» dans une sorte d'opulence. N'avez-vous jamais observé,
» Monseigneur, que, quand ils prêchent la bienfaisance,

Le Père de Louis XVI. 3

» ils ne manquent pas d'insinuer qu'elle n'est jamais plus
» louable que lorsqu'elle a pour objet un homme de let-
» tres, un savant, un philosophe sans fortune. Voyez
» quand ils font l'éloge d'un homme en place, comme
» ils rehaussent le prix de sa magnificence envers les
» gens de lettres! Il est plus grand, à les en croire, par
» ce seul endroit, que par tous les services qu'il a rendus
» à la patrie. C'est en flattant ainsi à tous propos la folle
» vanité des riches qu'ils provoquent leur générosité, et
» qu'ils se ménagent véritablement, par la bienfaisance
» d'autrui, une fortune qu'ils n'altèrent pas beaucoup
» par la leur. Mais qui ne voit que la bienfaisance des
» riches, que cette secte famélique intercepte de toute
» part, se répandrait bien plus utilement pour l'huma-
» nité, sur le pauvre qui gémit dans la misère? Pour
» moi, je suis de bonne composition, il me semble que
» si j'étais en place, je dirais volontiers à ces hommes
» remuants : Escrimez-vous, tant qu'il vous plaira, sur
» le langage; mais, sur la vie, respectez la religion, les
» mœurs et l'autorité. Je me dispose, Monseigneur, à
» vous tenir parole; et quand je saurai sur quoi il faut
» que je vous sermonne, je ne manquerai pas de me con-
» former à vos intentions. Sans être un Bourdaloue ni un
» Massillon, on peut dire des vérités; et on les dit tou -
» jours avec confiance, Monseigneur, quand c'est à vous
» qu'on a l'avantage de les adresser....»

Cependant l'abbé de Saint-Cyr, qui craignait que l'attrait du Dauphin pour la littérature ne dégénérât en passion, et ne lui inspirât de l'éloignement pour les études
plus essentielles à un prince, lui en parla avec sa liberté
ordinaire, et il lui fit un jour, relativement à la rhétori-
que, une espèce de reproche semblable à celui que Philippe faisait à son fils Alexandre au sujet de la danse : il

lui demanda s'il n'avait pas honte d'en connaître si bien les règles? Il lui représenta qu'il était temps de se porter à de plus grandes choses; que le grand art d'un prince de son rang n'était pas tant de savoir bien parler, que de savoir gouverner avec sagesse. Quoique jeune encore, le Dauphin sentit parfaitement combien l'avis était sensé, et, faisant céder le goût au devoir, il résolut de faire désormais son unique occupation du soin de préparer le bonheur des peuples : c'est vers ce but qu'il dirigea toutes ses études.

Il s'occupa d'abord de la philosophie. Il en savait déjà ce que sait un écolier au sortir de ses classes : il l'étudia dans les sources. Il lut les anciens et les modernes, qu'il compara; il fit des notes sur Platon. La réputation avec laquelle l'abbé Nollet donnait ses leçons dans l'université de Paris, lui fit désirer de l'entendre; et ce célèbre physicien fit plusieurs voyages à Versailles, pour exécuter devant lui ses expériences. Les mathématiques lui plurent beaucoup, il y fit de grands progrès en peu de temps. Il possédait parfaitement le génie de l'architecture; il mesurait des yeux la largeur d'un fossé, la hauteur d'une muraille, toutes les dimensions d'un bâtiment. Il se plaisait à conférer avec les plus habiles ingénieurs : il examinait avec eux le plan d'une citadelle, les fortifications d'une place frontière; il les entretenait avec une égale facilité sur les différentes parties de leur art. « Au premier coup d'œil, disait un ancien officier très-versé dans le génie, M. le Dauphin jugeait une place; il en indiquait sur-le-champ le fort et le faible; il nous exposait comment il en formerait le siége, et les moyens qu'il voudrait employer pour le soutenir. Il entendait assez les fortifications pour s'apercevoir de certaines fautes qui échappent quelquefois aux plus grands maî-

» tres, et pour faire voir comment on eût pu les éviter,
» et ce qu'on pourrait faire pour les réparer. » Quelquefois il prenait plaisir à tracer le plan d'une forteresse ou
d'une maison royal, et partout on reconnaissait son goût.
Ce fut lui qui distribua, quelques mois avant sa mort,
le camp que le roi avait ordonné devant Compiègne. Les
personnes à portée d'observer ses inclinations, n'étaient
pas sans une certaine appréhension qu'il ne donnât dans
le faste ruineux des bâtiments, lorsqu'un jour il leur fit
connaître, d'une manière non équivoque, que l'amour
des peuples aurait toujours un empire absolu sur ses
goûts particuliers. Il montrait à l'évêque de Verdun le
plan d'une maison royale, qu'il avait tracé avec beaucoup
de soin. Le prélat loua l'économie de la distribution, l'élé-
gance des décorations, la noblesse de l'ensemble. Quand
il eut fini ses observations : « Vous me paraissez avoir du
» goût, lui dit le prince ; je crois cependant que vous
» n'avez pas aperçu ce qu'il y a de mieux dans mon châ-
» teau. » L'évêque l'examina encore, et ne trouvant matière à aucune nouvelle observation, il pria le prince de
vouloir bien lui indiquer ce qu'il n'apercevait pas lui-
même. « C'est, lui répondit-il en riant, que ce beau
» château ne sera jamais bâti qu'au crayon, et qu'il ne
» coûtera rien au peuple. »
Le Dauphin examina aussi les productions de ces hommes que notre siècle qualifie du nom de philosophes.
« Autrefois, disait-il à l'abbé de Sailly, le nom de *phi-*
» *losophe* inspirait de la vénération ; aujourd'hui, dire à
» quelqu'un : *Vous êtes un philosophe*, c'est une injure
» atroce, et pour laquelle il pourrait vous faire des af-
» faires en justice. — Je les ai étudiés, écrivait-il en une
» autre occasion ; j'ai passé de leurs principes à leurs
» conséquences, et j'ai reconnu dans les uns des hommes

» libertins et corrompus, intéressés à décrier une morale
» qui les condamne, à éteindre des feux qui les effraient,
» à jeter des doutes sur un avenir qui les inquiète ; dans
» les autres, des esprits superbes, qui, emportés par la
» vanité de vouloir penser en neuf, ont imaginé de rai-
» sonner par système sur la divinité, ses attributs et ses
» mystères, comme il est permis de le faire sur ses
» ouvrages. » Ce ne fut pas assez pour ce prince d'avoir,
si je puis parler ainsi, reconnu ces ennemis de Dieu et de
l'État, il voulut encore les combattre lui-même : il réfuta
ceux de leurs ouvrages qui faisaient le plus de bruit par
la célébrité de l'auteur, ou l'impiété de ses assertions ;
et il le fit d'une manière simple, précise et lumineuse,
se contentant presque partout de les opposer eux-mêmes
à eux-mêmes, en rapprochant leurs principes de leurs
conséquences. L'erreur et le mensonge ne soutiennent
point ce parallèle. « Suivant les principes de nos nouveaux
» philosophes, dit ce prince dans un de ses écrits, le
» trône ne porte plus l'empreinte de la divinité ; ils déci-
» dent qu'il fut l'ouvrage de la violence, et que ce que
» la force eut le droit d'élever, la force a le droit de l'abat-
» tre et de le détruire... que le peuple ne peut jamais cé-
» der l'autorité, qu'il ne peut que la prêter, toujours en
» droit de la communiquer et de s'en ressaisir, selon que
» le lui conseille l'intérêt personnel, son unique maître.
» Ce que les passions se contenteraient d'insinuer,
» nos philosophes l'enseignent : que tout est permis au
» prince quand il peut tout, et qu'il a rempli ses devoirs
» quand il a contenté ses désirs ; car enfin, si cette loi
» de l'intérêt, c'est-à-dire du caprice des passions hu-
» maines, venait à être généralement adoptée, au point
» de faire oublier la loi de Dieu, alors toutes les idées du
» juste et de l'injuste, de la vertu et du vice, du bien et

» du mal moral seraient effacées et anéanties dans l'esprit
» des hommes ; les trônes deviendraient chancelants, les
» maîtres sans bienfaisance et sans humanité. Les peuples
» seraient donc toujours dans la révolte ou dans l'oppres-
» sion. » Pouvait-on mieux saisir les conséquences de ces
monstrueux systèmes ?

Mais il importe peu à ces hommes audacieux d'être ré-
futés, fût-ce par un grand prince : ils n'en deviennent que
plus vains. « Qu'importe à un de nos philosophes, disait
» le dauphin à l'évêque de Verdun, qu'on brûle son livre
» au pied du grand escalier, si on le laisse tranquille-
» ment dans son cabinet en préparer un plus méchant
» encore ? » C'est d'après cette considération, qu'il sol-
licita du roi une déclaration contre ces écrivains ; et qu'en
toute occasion il pressa les personnes en place d'user
contre eux de toute la sévérité des lois. Il fit plus encore ;
ce fut lui qui leur mit en tête l'adversaire le plus incom-
mode qu'ils aient eu dans ce siècle, et qui l'encouragea
à dévoiler, en toute rencontre, le poison de leurs écrits.
En un mot, il fit contre cette secte impie tout ce que pouvait faire un dauphin, et il laissa voir ce qu'il eût fait
s'il eût été roi.

L'étude des lois occupa long-temps ce prince. L'abbé
de Saint-Cyr, qui était fort instruit dans cette partie, fut
son premier guide. Il lut les ouvrage les plus estimés ;
qui traitent du droit public et des lois du royaume. Il en
fit, selon sa coutume, des extraits, auxquels il ajouta
ses propres réflexions. Il distribua tout, avec ordre,
dans deux traités qu'il écrivit de sa main, et qui contien-
nent chacun plusieurs livres. Il parle des parlements,
des fonctions de conseillers d'État, des règles qui doivent
suivre les magistrats dans l'administration de la justice.
Personne ne connut mieux que lui la considération et l'é-

tendu d'autorité qu'un prince sage doit accorder à ces tribunaux respectables chargés de rendre en son nom la justice qu'il doit à ses sujets. Il avait à cet égard les vrais principes, ceux que suit son auguste fils : principes d'après lesquels la magistrature jugera, le sacerdoce enseignera, et le peuple jouira. Il aimait à consulter le chancelier d'Aguesseau, et M. d'Aubert, premier président du parlement de Flandre : il eut avec eux de fréquentes conférences.

Il prit sur le droit civil et criminel toutes les connaissances qui peuvent convenir à un prince en qui devait résider un jour la plénitude du pouvoir législatif. Ce fut toujours avec une véritable indignation qu'il entendit parler de chicanes et des rapines de ces officiers subalternes qui, s'attribuant les premiers droits sur les biens qui sont en litige, rendent la justice onéreuse aux particuliers, et leur font redouter de gagner un procès. Le roi étant un jour entré dans son appartement, vit sur sa table plusieurs livres qui traitaient de la jurisprudence criminelle : « Il y a apparence, lui dit-il en riant, que vous » voulez vous faire recevoir avocat à la Tournelle. — » Sans prétendre au titre, répondit le Dauphin, je ne » serais pas fâché d'avoir quelque chose des connais- » sances d'un avocat; et la vie d'un homme est un bien » qui lui est si propre et si précieux, qu'on ne saurait » trop approfondir les titres qui peuvent autoriser à l'en » dépouiller. » Il ne dédaignait pas de suivre certaines causes qui se plaidaient au palais : celle de M. Du Lau, curé de Saint-Sulpice, l'intéressa d'une manière si particulière, que, lorsqu'il apprit qu'elle avait été jugée en sa faveur, il lui écrivit en ces termes : « J'aurais peine à » vous exprimer, Monsieur, la joie que j'ai ressentie du » succès de votre affaire, et plus encore de la manière

» dont la paroisse y a applaudi. Jouissez de votre triom-
• phe, il n'est point celui de l'orgueil ; mais de la vertu,
» qui sait toujours recouvrer ses droits, quand elle est
» véritable. Elle doit aussi être un sûr garant de mes
« sentiments. »

Il fit pendant plusieurs années une étude sérieuse de
l'histoire, qu'il appelait *la leçon des princes, et l'école
de la politique.* « L'histoire, disait-il un jour à l'abbé de
» Marbœuf, est la ressource des peuples, contre les er-
» reurs des princes. Elle donne aux enfants les leçons
» qu'on n'osait faire au père ; elle craint moins un roi
» dans le tombeau qu'un paysan dans sa chaumière. »
M. Le Beau lui ayant présenté deux volumes de son Histoire du Bas-Empire, il les montra à l'abbé de Saint-Cyr,
et lui dit en riant : « L'abbé, avis aux princes. — Vous
» avez raison, monseigneur, lui répondit l'abbé ; et c'est
» un avis sur lequel on peut compter : le prince le
» plus puissant ne le serait point assez pour corrom-
» pre l'histoire : en gagnant un historien, il n'aurait
» fait que lui fermer un œil, mais elle en a cent.
» — Oui, reprit le prince, les historiens sont des
» échos fidèlement indiscrets, qui ne manquent jamais
» de répéter au siècle futur ce qu'ils ont entendu dans
» le leur. »

On eût dit, à entendre raisonner le Dauphin sur l'histoire, qu'il avait fait son unique étude de cette partie.
Il savait l'histoire sacrée et profane, l'histoire ancienne
et moderne, celle des peuples étrangers, et celle de la
nation. Le soin qu'il avait d'étudier l'histoire, rendait sa
critique sage et judicieuse. Le duc de Nivernais et le président Hainault eurent avec lui plusieurs entretiens,
dont ils sortaient toujours pénétrés d'admiration. On était
surtout étonné de la sagesse avec laquelle il savait ap-

précier les faits contestés, et les présenter sous le point
de vue le plus vraisemblable. « M. le Dauphin, disait
» le président Hainault, m'a quelquefois instruit en me
» consultant; et j'avoue qu'en une occasion il m'a mis
» en défaut. »

Outre la science des faits, le Dauphin avait trouvé dans
l'étude qu'il avait faite de l'histoire, ce qu'il y avait
cherché plus particulièrement, sa propre instruction.
Tout autre prince eût borné là ses vues, et nous l'eus-
sions admiré; mais le Dauphin voyait en tout plus loin
que le commun des hommes. Il conçut, relativement à
l'histoire, un projet qui a échappé à toute l'antiquité, et
dont le simple exposé suffirait pour faire connaître la jus-
tesse et l'étendue de son génie. En considérant tout ce
qu'il lui en avait coûté de temps et de recherches pour
parcourir les différentes branches de l'histoire, et surtout
pour en extraire les conséquences pratiques qu'il voulait adopter au plan de gouvernement qu'il méditait, il
se représenta un jeune prince, auquel des circonstances
d'âge, de temps, ou de goût, ne permettraient pas de se
livrer comme lui à ce genre d'étude; de là, il conclut
qu'il ne pourrait rien laisser de plus utile à ses succes-
seurs qu'un monument historique qui leur assurerait
tout le fruit de ses recherches et de ses réflexions, en
leur en épargnant le travail. Cet ouvrage, selon qu'il le
concevait, doit être une savante école de politique, et le
livre propre des rois et des ministres. Le principal but
qu'on s'y propose est de faire connaître à un prince l'o-
rigine et l'étendue de son autorité, sans lui laisser ignorer l'usage qu'il en doit faire pour le bonheur des peuples, et la gloire de celui de qui seul il la tient. Pour cet
effet, il veut qu'on parcoure d'abord l'histoire de la nation; que l'on considère les différents règnes dans leur

3..

ensemble, plutôt que dans les détails. Pour rendre l'ouvrage le moins volumineux qu'il est possible, on n'entre
point dans les disputes qui partagent les savants ; on ne
s'occupe que du fond, et l'on compte pour peu les circonstances qui n'y changent rien. On entre dans le conseil du prince, on y appelle ses ministres ; on examine
si c'est à eux ou à lui, ou à tous ensemble, qu'on doit
attribuer le bonheur ou la misère des peuples. Le com-
merce a langui dans un règne, on en cherche la cause.
La guerre s'est allumée dans le temps où l'on eût le plus
besoin de la paix : qu'elle en a été l'occasion? l'ambition
du prince, ou les intérêts particuliers d'un ministre ?
L'issue de cette guerre a été funeste : est-ce au découragement des troupes, à l'inexpérience du général, ou a
quelque intrigue de cour qu'on doit l'attribuer? Tel prince
se fait aimer de ses peuples, lors même qu'ils étaient
dans la misère ; tel autre en fut détesté au milieu de
l'abondance ; celui-ci contint tous les ordres de l'État
dans le devoir, et en fut respecté; celui-là leur laissa
usurper une partie de son autorité, et en fut méprisé :
d'où viennent ces différences ? En un mot, à quelles
causes doit-on rapporter la prospérité qui en tel temps
a élevé la nation, et les revers qui en tel autre l'ont hu-
miliée ?

De l'histoire de France, on passe à celle des peuples
étrangers, et d'abord à celle des peuple qui, par leur
voisinage, doivent avoir plus d'intérêts à concilier avec
la nation. On examine surtout leur génie, leur caractère,
leurs prétentions. On passe enfin à l'histoire des différents peuples, qu'on parcourt d'une manière plus générale, et toujours suivant la même marche et les mêmes
vues de politique. Ce plan honorera sans doute son auteur dans les siècles futurs ; et nos neveux béniront

avec attendrissement la mémoire d'un prince qui s'occupait de leur bonheur, en traçant des leçons de sagesse et de modération à ceux de ses descendants qui
devaient les gouverner. Les différentes occupations aux-
quelles se livrait le Dauphin ne lui permettant pas de
composer lui-même cet ouvrage, l'exécution en fut con-
fiée à M. Moreau.

Après avoir étudié les hommes dans l'histoire, le Dauphin s'appliqua encore à connaître d'une manière plus
particulière ceux au milieu desquels il avait à vivre.
Cette connaissance lui paraît essentielle à un prince.
« Connaître les hommes, dit-il dans un de ses écrits, est
» la véritable science des rois; » et dans un autre endroit : « Le plus grand art des rois est celui de connaître
» les hommes, d'apprécier leurs talents, et de les placer
» dans les emplois qui leur conviennent. » Pour arriver
plus sûrement à la fin qu'il se proposait, il se garda bien
de se précipiter dans le tourbillon. En vrai sage, il se
tint à l'écart, assez près pour tout reconnaître, assez
loin pour n'être aperçu de personne. Du fond de son cabinet, seul avec la dauphine et quelques amis choisis,
il contemplait à loisir ce choc continuel des passions qui
se rassemblent tumultueusement autour du prince, pour
se disputer les faveurs qui tombent de sa main, et qui
leur servent d'aliment. Il suivait, dans leurs plus sombres
détours, ces manœuvres de l'ambition, ces rivalités, ces
intrigues d'intérêts qui se croisent : rien ne lui échappait. Ayant, si je puis parler ainsi, la clef du système
général, il savait à quel parti tel ou tel appartenait; il
n'était pas surpris que celui-là fût le patron de la philosophie moderne; que cet autre opinât dans le conseil en
faveur d'une autre secte. Le fruit qu'il tirait de ses observations était d'examiner comment un prince judicieux

et sans faiblesse pourrait, sinon fixer absolument ces
agitations, au moins les calmer assez pour qu'elles ne
nuisissent pas au bien général. « Il faut surtout, disait-il,
» que les hommes en place, et dignes d'y être, soient
» affranchis du soin de faire face à leurs envieux; et c'est
» au prince à pourvoir à ce qu'ils ne soient points réduits
» à la condition de ce peuple malheureux, qui ne pou-
» vait servir sa patrie que d'une main, ayant à combattre
» ses ennemis de l'autre. »

Le Dauphin n'allait jamais au conseil sans avoir mûre-
ment réfléchi sur les matières qui devaient s'y traiter; et
il avait l'esprit trop juste et trop pénétrant pour qu'aucunes considérations étrangères pussent jamais lui faire
prendre le change sur le fond des choses. Son avis était
souvent conforme à celui de Louis XV, et l'on sait que ce
prince joignait à l'expérience d'un long règne un discer-
nement exquis. Le premier jour qu'il fut admis au conseil des dépêches (il avait alors vingt et un ans), M. de
Moras, contrôleur-général, commença le rapport d'une
affaire très-compliquée concernant les domaines du roi;
mais il ne put, pendant cette séance, qu'établir ses principes. Le Dauphin lui dit en sortant : « Le Bret jette beau-
» coup de lumières sur cette matière : il me semble, d'a-
» près vos principes, que vos conclusions différeront peu
» des siennes. » Elles devaient en effet être les mêmes.
M. de Moras, qui ne croyait pas le prince si instruit, fut
tellement frappé de ce trait, qu'il le racontait encore plusieurs années après.

Ce fut particulièrement dans le conseil d'État qu'on fut
à portée de reconnaître l'étendue de ses connaissances
sur tout ce qui concerne l'administration publique. Il
était âgé de vingt-huit ans quand il y fut admis. Eclairé
dans ses vues, juste dans ses principes, prudent dans

ses moyens, il ne hasardait point un avis qu'il ne l'eût auparavant comparé avec les règles invariables de la religion, du bien des peuples, et de la constitution monarchique. Toujours en garde contre ses propres lumières, il ne prenait jamais le ton décisif : après avoir exposé son sentiment avec modération, si celui d'un autre était jugé meilleur, il faisait le sacrifie du sien sans opiniâtreté, pour se réunir à la pluralité des suffrages. On ne le vit jamais se prévaloir de la supériorité de son rang sur les ministres. Il les regardait comme ses égaux dans le conseil, et souvent il les écoutait comme ses maîtres. Il s'était fait une loi d'éviter, avec le plus grand soin, tout ce qui eût pu altérer le moins du monde ce concert qui doit régner entre les personnes chargées du noble emploi de concourir avec le monarque à rendre les peuples heureux. Voici le témoignage que lui rendait un ministre qui avait séance avec lui dans le conseil d'État. « M. le Dauphin exposait son sentiment » avec beaucoup de modération, surtout quand il n'était » pas conforme à celui du roi. Quelquefois même il n'o- » pinait que par son silence. La religion, les mœurs pu- » bliques, le maintien des lois et des priviléges des dif- » férents ordres de l'État, le bonheur des peuples, la » gloire de la nation, et l'autorité du roi, étaient les » points cardinaux qu'il ne perdent pas de vue. Jamais » on ne s'est repenti d'avoir suivi un avis qui avait été le » sien. »

Mais ce prince ne fit jamais paraître plus de sagesse et de prudence dans le conseil, que dans cette circonstance où il fut obligé d'y présider en la place du roi : circonstance digne d'un éternel oubli, et que je ne rappellerais pas ici, si elle n'était déjà consignée dans des monuments publics, et si le plus scélérat des hommes n'avait servi à mettre de plus en plus en évidence les bonnes qualités du prince dont j'écris la vie. Le 5 janvier 1757, sur les six heures du soir, Louis XV, accompagné du Dauphin, se disposait à partir pour Trianon, où il devait souper avec la famille royale. Au moment où il allait monter en carrosse, le nommé Robert Damiens, qui s'était posté dans un petit enfoncement, sous un escalier à portée de la voiture, sortit de sa retraite, s'ouvrit un passage à travers les gardes, heurta en passant le Dauphin, et, pénétrant jusqu'au roi, le frappa au côté droit d'un instrument en forme de canif. Tout cela se fit si promptement, qu'aucun de ceux qui auraient dû arrêter ce malheureux ne l'aperçut. Il faut observer qu'on n'était éclairé que par des flambeaux. Le roi lui-même ne le vit pas quand il lui porta le coup. Il dit seulement : « On m'a donné un fu- » rieux coup de poing. » Mais ayant passé la main sous sa veste, il la retira teinte de sang, et s'écria : « Je suis blessé. » Au même instant, il se retourna, aperçut Damiens qui avait le chapeau sur la tête. Il dit en le montrant : « C'est cet homme qui m'a frappé, qu'on l'arrête, » et qu'on ne lui fasse point de mal. » On s'en saisit, et il fut conduit à la salle des gardes du corps. Dès qu'il fut arrêté, il répéta deux ou trois fois : « Qu'on prenne » garde à M. le Dauphin...; que M. le Dauphin ne sorte » point de la journée. »

On aurait peine à imaginer le saisissement dont ce prince fut frappé, au moment où le roi dit qu'il était blessé. Il le suivit dans son appartement, et, tandis qu'on s'empressait de lui procurer les secours de la religion et de la médecine, et qu'on ignorait encore ce qu'on avait à craindre ou à espérer, on vit le Dauphin s'abandonner à toute la sensibilité de son cœur, et dans un état de désolation qui partageait entre lui et le roi l'alarme et

l'affliction des assistants. Il ne parut sortir de son acca-
blement que quand les médecins, après la visite de la
plaie, lui eurent assuré qu'elle n'était pas mortelle. Mais,
en prince religieux, qui ne connaissait point les êtres
chimériques de bonheur et de hasard, il attribua la conservation d'une tête qui lui était si chère, à cette Providence suprême qui veille au salut des rois : dans le premier transport de sa reconnaissance, il oublia l'avis qu'on
venait de lui donner à lui-même, de prendre garde à sa
personne; et, sortant presque seul, il alla droit à la chapelle se prosterner aux pieds du Saint-Sacrement, et
rendre grâces à Dieu de ce qu'il n'avait pas permis qu'un
si monstrueux attentat fût consommé.

Après cet acte de religion, remarquable par la circonstance, il rentra dans l'appartement du roi, et s'appro-
cha de son lit. Ce prince le prit par la main, et, en la
lui serrant, il lui remit la clé d'une cassette pour qu'il
allât en retirer quelques papiers de conséquence. Il lui
ordonna ensuite d'assembler le conseil, et d'y présider
en sa place. Les ministres, consternés d'un événement
si étrange, étaient incertains et irrésolus dans leurs avis;
le Dauphin, qui venait de se recueillir devant Dieu, paraissait seul avoir toute sa présence d'esprit : il les ras-
sura; et, dans une affaire si délicate, et qui mettait en
défaut toutes les règles de la politique, il procéda avec
une profondeur de sagesse et de prudence qui étonna tous
les membres du conseil. « Quelle tête ! s'écria l'un d'en-
» tre eux en sortant, chacune de ses paroles est un trait
» de lumière ! »

En se formant à une vertu, ce prince ne négligeait pas
celles d'un autre genre. Il est peu de sciences qu'il ait
approfondies comme celle de la guerre. Il l'étudia dès
son enfance par inclination, et depuis par raison; il eut

l'avantage de faire avec Louis XV la glorieuse campagne de 1745. Tout respirait encore la joie qu'avaient répandue dans les cœurs les fêtes qu'on venait de donner à l'occasion de son mariage, lorsque le roi fit ordonner des prières publiques pour demander à Dieu le succès de ses armes, et se disposa à passer en Flandre, pour se mettre à la tête de ses troupes. On ne devait pas s'attendre qu'un jeune prince, dans de pareilles circonstances, pensât à s'éloigner d'une épouse qui possédait et méritait toute sa tendresse, pour aller s'exposer aux hasards des combats ; mais la première passion des grandes âmes fut toujours de voler où l'honneur et le devoir les appellent ; il ne balança point à rappeler au roi la promesse qu'il lui avait faite l'année précédente, et il le conjura de ne pas lui refuser de faire avec lui cette campagne. Louis XV, ravi de trouver en son fils de si généreuses dispositions, souscrivit à sa demande. On disposa tout pour le départ ; et, le vendredi 7 mai, tous deux en habits militaires, montèrent dans la même voiture, pour se rendre au camp devant Tournay, où ils arrivèrent le lendemain.

Le maréchal de Saxe, après plusieurs marches feintes pour couvrir son dessein à l'ennemi, avait jugé à propos d'ouvrir la campagne par le siége de Tournay, place importante de la Flandre autrichienne. Il poussait vivement ses travaux, lorsque l'armée combinée des Autrichiens, Anglais, Hollandais et Hanovriens s'avança pour l'obliger à lever le siége ou pour lui livrer bataille.

Près de Tournay, sur les bords de l'Escaut, s'offre une plaine assez découverte, au milieu de laquelle est le village de Fontenay : c'est l'endroit que le maréchal avait destiné pour le champ de bataille, en cas d'une action générale. Le roi, à son arrivée au camp, alla avec le Dauphin reconnaître le terrain ; et, de l'avis des officiers-généraux, il arrêta que l'armée s'y posterait pour attendre l'ennemi. Le mardi 11, de grand matin, le duc de Cumberland, campé dans les environs, s'avança en ordre de bataille. A cette nouvelle, le roi et le Dauphin passèrent l'Escaut au pont de Calonne, et parurent à la tête de l'armée auprès de Fontenay. Quand-ils eurent reconnu l'ennemi, le maréchal de Saxe leur conseilla de repasser la rivière; mais tous deux refusèrent de se rendre à son avis, et se placèrent assez près du feu pour qu'on pût dire qu'ils partageaient le péril de l'action, et assez loin pour éviter le reproche de s'exposer témérairement.

Vers les cinq heures, les armées se trouvèrent en présence. La droite de la nôtre s'étendait vers le village d'Antoin, la gauche vers le bois de Barry; le centre était à Fontenay. L'armée ennemie se présentait en trois corps. Le comte de Konigseck commandait l'aile droite; le prince de Waldeck la gauche; le duc de Cumberland occupait le corps de bataille. Sur les six heures, les ennemis tirèrent un coup de canon, qui fut comme le signal de l'action. L'artillerie étant généralement bien servie de part et d'autre, on se canonna long-temps avec un égal succès, ou pour mieux dire avec une perte égale : chaque décharge éclaircissait les rangs, et jonchait la terre de morts.

Enfin l'armée ennemie s'ébranla; et, s'avançant dans la plus belle ordonnance, elle fit mine de vouloir attaquer nos trois corps en même temps; mais, se repliant tout-à-coup sur elle-même, elle vint fondre sur le centre de bataille. L'attaque fut terrible : on s'y attendait; la défense fut vigoureuse. Notre artillerie, placée à propos, sillonnait l'armée ennemie; les soldats de part et d'autre tiraient à bout portant. Toutes les décharges des nôtres étaient suivies de : *Vive le roi et monseigneur le Dauphin.* Quoiqu'on perdît beaucoup de monde des deux côtés, on combattait avec le plus grand sang-froid. On vit des officiers anglais et français se saluer avec civilité et se défendre de l'honneur de tirer les premiers. Cependant l'affaire n'avançait point : le duc de Cumberland fit changer son ordre de bataille, et, du centre, il se porta vers notre gauche. Les décharges de mousqueterie recommencèrent alors, et continuèrent long-temps dans un ordre presque invariable. Nos troupes avaient perdu du terrain, et se trouvaient à trois cents pas au-dessous de Fontenay. Cette position, par l'événement, devint funeste à l'ennemi, qui était tout à la fois exposé au feu des redoutes du bois de Barry, et à celui de l'artillerie de Fontenay. Mais le duc de Cumberland, en capitaine qui savait prendre son parti, fit faire volte-face aux dernières lignes de son armée, qui forma, par ce moyen, un carré long, dont l'un des côtés devait continuer de presser notre aile gauche, et l'autre envelopper les redoutes du bois de Barry, et faire tête au poste de Fontenay. Cette disposition réussit aux ennemis au-delà de leurs espérances. Leur unique bataillon faisait face de toutes parts, ils avaient un plus grand nombre de coups à tirer, et tous les coups portaient. Leurs lignes étaient serrées et en bon ordre; les nôtres étaient rompues en plusieurs endroits.

Cependant le maréchal de Saxe, tantôt à pied, tantôt à cheval, quelquefois en litière, car il était malade, se portait où le péril était plus grand. Partout il voyait notre armée faire des prodiges de valeur, mais qui ne servaient qu'à augmenter ses pertes. Si quelquefois le soldat cédait pour un instant aux efforts de cette colonne redoutable qu'il avait en tête, il revenait à la charge, sans jamais se rebuter, quoique toujours sans succès.

Déjà l'ennemi, comptant sur la victoire, jetait des cris d'allégresse, qui l'annonçaient au loin; et les Tournaisiens, qui, du haut de leurs murailles, étaient spectateurs du combat, se préparaient à rendre complète la défaite des Français. La garnison tenta une sortie; mais des miliciens et des troupes de nouvelle levée, qu'on avait laissées à la garde de la tranchée, firent si bien leur devoir que l'ennemi fut repoussé avec perte.

Ce fut dans cet instant critique qu'on se détermina à faire un nouvel effort, et par une triple attaque à charger l'ennemi de front et par les flancs. Ce mouvement fit espérer que les choses changeraient de face; et, les troupes se montrant aussi pleines d'ardeur que si elles n'eussent point encore combattu, la charge recommença. Jamais deux armées rivales, poussées par le désir de la vengeance, ne s'entrechoquèrent avec plus de furie. C'est en cette occasion que la maison du roi, qui n'avait pas encore donné, se couvrit de gloire. Tous les régiments, français et étrangers, cavalerie et infanterie, se précipitèrent sur l'ennemi avec une égale impétuosité. La colonne ennemie fit face aux trois attaques, et les soutint avec intrépidité. On la foudroyait par des charges vives et continuelles; elle répondait par un feu également meurtrier; le carnage fut effroyable de part et d'autre. L'ennemi cachait ses pertes; les nôtres étaient sensibles. On vit les régiments du roi, de la couronne et d'Aubeterre, se retrancher derrière des monceaux de cadavres. L'armée des confédérés tenait ferme, et soutenait ses premiers succès par de nouveaux avantages : nos lignes, écrasées plutôt qu'enfoncées, paraissaient en désordre en plusieurs endroits. Cependant on ne voulait point céder : plusieurs détachements, ne prenant conseil que de leur valeur, allèrent, tête baissée, heurter ce bataillon formidable : rien ne fut capable de l'entamer.

Le maréchal de Saxe, qui ne s'inquiétait pas sans raison, fit dire au roi et au Dauphin qu'il était temps qu'ils songeassent à mettre leurs personnes en sûreté, en repassant l'Escaut; son avis ne fut point suivi. Peu de temps après, on parla de retraite, et plusieurs braves officiers la jugeaient nécessaire au salut de l'armée. On avait réservé quatre pièces de canon pour la favoriser en cas d'accident : on pensait à en faire usage. Le duc de Richelieu crut devoir s'y opposer : « Point de retraite, » s'écria-t-il, le roi ne veut pas, et entend que ces ca- » nons servent à la victoire. » En effet, on les braque sur l'armée ennemie, qui n'était qu'à quelques pas : on en fait précipitamment plusieurs décharges. La certitude d'être foudroyé l'instant d'après, fait craindre au soldat d'occuper la place de celui qui vient d'être renversé. Cette colonne, jusqu'alors impénétrable, laisse enfin apercevoir un défaut; on le cherchait depuis long-temps : la maison du roi le saisit et s'y insinue; les gendarmes et les carabiniers élargissent le passage, les autres régiments suivent. Animés par ces succès, les corps chargés des autres attaques se précipitent sur les lignes qu'ils ont en tête, et les rompent en plusieurs endroits. Ce fut alors qu'on en vint aux armes blanches. La mêlée fut sanglante; mais, le soldat français ayant son adversaire en face, la partie ne fut plus égale. Bientôt le désordre et la confusion s'étant communiqués jusqu'aux derniers rangs de l'armée ennemie, d'un excès de confiance elle passa au découragement. Les troupes anglaises furent celles qui firent mieux leur devoir en cette occasion; mais il fallut céder à la force. Tout plia, tout se débanda. Le soldat, irrité d'une résistance opiniâtre, ne faisait point de quartier , et massacrait sans pitié tout ce qui tombait sous sa main. Ceux qui échappaient au fer du fantassin étaient écrasés par la cavalerie. Les chevaux , ensanglantés jus- qu'au poitrail , avaient peine à se débarrasser des tas de cadavres dont la plaine était jonchée. Ce qui est bien re- marquable , c'est que cette déroute générale d'une armée, peu d'heures auparavant si formidable , fut l'ouvrage d'un instant. Le Français, étonné de ne rencontrer par- tout que des Français, respire enfin , et sent tout le prix d'une victoire si long temps disputée.

Chacun raisonna selon ses impressions sur la cause du gain de la bataille. Les uns l'attribuèrent à la présence du roi et du Dauphin; d'autres à l'habileté du maréchal de Saxe; ceux-ci à la charge vigoureuse de la maison du roi ; ceux-là à l'avis du duc de Richelieu; d'autres enfin, à la valeur opiniâtre de nos troupes que rien ne put dé- courager. Peut-être pourrait-on dire que tous avaient rai- son , et qu'il ne fallait rien moins que le concours de toutes ces circonstances pour nous assurer la victoire. Tous les régiments perdirent du monde. Quelques-uns se firent écraser, et ne sauvèrent que leur nom. Plusieurs officiers se signalèrent en cette journée par des traits de valeur qui eussent honoré les héros de l'ancienne Rome. Mais les détails ne sont point de mon sujet , qui ne me permet que de donner une idée générale d'une action à laquelle assista le Dauphin.

Ce prince , en cette occasion , montra à toute la France qu'il était l'héritier des nobles sentiments comme du sceptre des Bourbons. Si l'on pouvait lui faire quelque reproche, ce serait d'avoir trop bravé le danger, et voulu s'exposer moins en dauphin qu'en soldat. Mais l'âge de seize ans est plutôt celui de la bouillante valeur que de la parfaite prudence. Dès le commencement de l'action, un boulet de canon renversa et couvrit de terre, à quatre pas de lui, M. d'Arbaud, qui fut depuis colonel. Louis XV avait chargé un officier de faire ramasser par les valets de l'armée les boulets qui faisaient voler la poussière au bas de l'éminence où il s'était posté. S'étant aperçu qu'il en était tombé un aux pieds du Dauphin, il lui cria en riant : « Monsieur le Dauphin, renvoyez-le aux ennemis, je ne veux rien avoir à eux ; » mais l'action l'occupait tout entier, il ne répondit rien au roi. Il ne fit pas même attention à un autre coup qui renversa derrière lui un des domestiques du comte d'Argenson. Il vit avec le plus grand intérêt le régiment qui portait son nom se distinguer entre les autres, sous les ordres du comte de la Vauguyon, qu'il estima dès-lors pour sa bravoure, et plus encore depuis, quand il sut qu'il honorait le mérite guerrier par la vertu.

Dès les premières décharges des ennemis, la campagne avait paru couverte de fuyards, qui semblaient annoncer que tout était perdu. Le Dauphin voulut les arrêter ; et, par prières et par menaces, il s'efforça de leur inspirer des sentiments plus généreux. Mais ceux à qui il parlait n'étaient point des soldats, c'étaient les goujats de l'armée que la peur avait saisis, et qui ne tenaient à leurs régiments que par l'uniforme qu'ils déshonoraient. Au fort de l'action, il demanda au roi qu'il lui permît de s'avancer à la tête de sa maison contre cet épais bataillon, dont la résistance avait déjà coûté tant de sang à l'armée française. Le roi rejeta sa demande : jamais refus ne l'attrista davantage. Sur ce qu'un seigneur de sa suite, pour l'en consoler, lui représenta que sa vie était trop précieuse à l'État pour que le roi pût consentir à ce qu'il l'exposât au hasard d'une mêlée : « Ma vie, reprit-il en soupirant, ah ! ce n'est point la mienne, c'est celle d'un général qui

» est précieuse en un jour de bataille. » Un instant après,
s'apercevant que les choses allaient de mal en pis, et
qu'en certains endroits nos troupes étaient poussées jusque sur les bords de l'Escaut, il oublia les ordres du roi ;
et, se laissant emporter par son ardeur, il tire l'épée,
s'échappe du milieu de ceux qui l'environnent, et croyant
déjà voir les troupes ranimées par sa présence, il leur crie
d'un ton de voix plein de feu : « Marchons, Français ; où
» est donc l'honneur de la nation? » — « J'ai eu l'avan-
» tage, dit le marquis de Contades, de voir alors M. le
» Dauphin montrer non-seulement le sang-froid du plus
» grand courage, mais une habileté peu commune. Il a
» voulu charger lui-même, à la tête des grenadiers à che-
» val, cette troupe pour ainsi dire invincible. Il fallut un
» ordre du roi pour qu'il ne joignît pas l'ennemi, et il
» s'en tint toujours trop à portée. Il encourageait les
» soldats qui allaient au combat ; il consolait les blessés
» qui passaient sans cesse sous ses yeux. Cette bonté pa-
» ternelle s'étendait jusqu'au dernier des soldats, et sa
» charité toujours agissante s'occupa, après cette san-
» glante journée, à recueillir les restes languissants des
» victimes de la gloire, et à leur procurer, par les ordres
» les plus précis, tous les secours imaginables. » Le ba-
ron d'Espagnac, qui était présent à l'action, rend le même
témoignage à sa valeur, dans son Histoire du Comte de
Saxe. « M. le Dauphin, dit-il, courait l'épée à la main à
la tête de la maison du roi ; on eut bien de la peine à
l'arrêter. » On ne lui laissa pas cependant le temps de
joindre l'ennemi, et on le ramena auprès du roi, qui le fit
rester à ses côtés jusqu'à la fin de l'action. Mais dès que
le champ de bataille fut libre, ce prince, afin de lui inspirer l'horreur qu'il eut toujours lui-même pour les guerres
les plus justes, le lui fit parcourir. Il vit là, au naturel,

ce qu'il n'avait jamais vu que dans l'histoire : l'humanité dégradée par la main des hommes, une vaste plaine abreuvée de sang humain, des membres épars et séparés de leurs troncs, des monceaux de cadavres, des milliers de mourants qui faisaient de vains efforts pour se dégager d'un tas de morts. Il racontait lui-même qu'il en avait vus, qui, oubliant qu'ils étaient ennemis, se bandaient mutuellement les plaies qu'ils venaient de se faire. D'autres, luttant avec la mort, se roulaient dans leur sang, et mordaient la poussière; quelques-uns levaient la tête et rappelaient un reste de vie pour crier : *Vive le roi et monseigneur le Dauphin.* Plusieurs, tout occupés du salut de leur âme, conjuraient le Dieu des batailles d'être pour eux en ce moment le Dieu des miséricordes. De quelque côté qu'il prêtât l'oreille, il n'entendait que des cris plaintifs et des gémissements lamentables.

A cet affreux spectacle, qui n'est pas pour un jeune prince un spectacle inutile, il s'attendrit; le roi, qui s'en aperçut, lui dit : « Voyez, mon fils, qu'il en coûte à un » bon cœur de remporter des victoires ! » Le prince ne lui répondit qu'en essuyant ses larmes. Ce fut dans le même moment que Louis XV, sans y penser, et en suivant son penchant naturel, lui donna une autre leçon bien digne d'un prince chrétien. On vint lui demander comment il voulait qu'on traitât les blessés du parti ennemi : « Comme les nôtres, répondit-il, ils ne sont plus nos » ennemis. »

Après cette fameuse journée, on pressa le siége de Tournay. Le Dauphin en suivit toutes les opérations : partout il animait le soldat par sa présence. Dans une revue qu'il fit du régiment Dauphin, infanterie, il nomma chevaliers de Saint-Louis plusieurs officiers qui s'étaient distingués entre les autres à la journée de Fontenay; et il répéta à la tête de ce régiment ce qu'il avait dit quelques jours auparavant, en allant visiter la tranchée : « Je sais, » messieurs, ce que vous savez faire. Il n'est pas possible » que la place tienne long-temps devant des troupes si » courageuses. » En effet, peu après, il y fit son entrée en roi, le jour de l'octave de la Fête-Dieu. La garnison s'était retirée dans la citadelle : cette place tint encore quelques jours, et fut obligée de capituler. De là Louis XV et le Dauphin s'avancèrent à la tête de l'armée victorieuse vers la ville de Gand : on y arriva la nuit. Le comte de Lowendal se jeta le premier à l'eau, passa le fossé, fit appliquer les échelles de toutes parts. En un instant les murailles furent escaladées, et les remparts bordés de Français, qui allèrent ouvrir les portes au reste de l'armée. Elle entra dans la place sans coup-férir ; et tout cela s'exécuta avec tant d'ordre, de promptitude et de silence que, comme le dit agréablement un écrivain, les bourgeois qui s'étaient endormis Autrichiens furent tout surpris de se réveiller Français. Bruges ouvrit ses portes au vainqueur. Oudenarde se défendit vigoureusement, et fut emporté. Dendermonde ne tint pas long-temps. Enfin l'armée parut sous les murs d'Ostende, cette ville fameuse par le siége qu'elle soutint pendant trois ans contre une armée commandée par un des plus habiles capitaines de son siècle, Spinola. Cette place est défendue d'un côté par la mer, de l'autre, par des forts et des bastions, au pied desquels sont des fossés larges et profonds que le commandant tient à sec ou inonde à son gré. Elle renfermait une bonne garnison. Sa défense fut vigoureuse ; mais il n'est point d'obstacles insurmontables pour une armée française qui combat sous les yeux de son roi et de son Dauphin : Ostende ne soutint que dix jours de tranchée. Nieuport et plusieurs autres places moins impor-

Le Père de Louis XVI.   4

tantes subirent la loi du vainqueur. Louis XV ayant terminé cette campagne et pourvu à la sûreté de ses conquêtes, revint en France avec le Dauphin : ils arrivèrent à Paris dans le courant de septembre.

A l'ouverture de la campagne suivante, le Dauphin, qui désirait passionnément accompagner le roi dans les nouvelles expéditions qu'il méditait, lui en demanda la permission ; mais il la lui refusa constamment, conseillé, dit-on, par quelques personnes en place qui craignaient que la vertu du jeune prince n'éclairât de trop près leurs opérations, et déterminé, comme on l'a cru, par la crainte assez bien fondée que son ardeur ne le précipitât dans quelque fâcheux accident. Mais depuis la journée de Fontenay, jamais il ne témoigna plus de désir de se signaler contre les ennemis du nom français qu'au moment où il apprit la défaite de Crevels. Il était alors à Versailles ; le roi était allé à Saint-Hubert. Le maréchal de Belle-Isle, à qui le courrier avait remis les papiers, les envoya au roi, et vint sur-le-champ rendre compte au Dauphin des particularités de cette malheureuse journée. Le découragement des troupes fut ce qui le toucha le plus. Sans perdre un instant, il écrivit au roi pour lui demander la permission d'aller se mettre à la tête de l'armée battue. Il emploie dans sa lettre les motifs les plus pressants pour le persuader. Il prévient les difficultés qu'on pourrait opposer à sa résolution ; il proteste qu'il ne fera rien que de l'avis des officiers généraux. « Non, dit-il en finissant, je suis sûr qu'il n'y a point de Français dont le » courage ne soit ranimé, et qui ne devienne invincible à » la vue de votre fils unique, qui le mènera au combat. » Le roi lui fit cette réponse : « Votre lettre, mon fils, m'a » touché jusqu'aux larmes ; il ne faut pas se laisser accabler par les malheurs. C'est aux grands maux qu'il faut

» de grands remèdes : ceci n'est qu'une échauffourée. Je
» suis ravi de reconnaître en vous les sentiments de nos
» pères. Mais il n'est pas encore temps que je vous sépare
» de moi. Je plains bien le pauvre maréchal de Belle-
» Isle, son fils nous manquera. Je serai à Versailles à
» une heure. »

Le Dauphin, outre le courage qu'on remarquait en lui,
et une connaissance exacte de toutes les parties de l'art
militaire, avait encore, dans un degré supérieur, ce qu'on
peut appeler l'esprit de commandement, et, ce qui n'est
pas le moindre mérite d'un général, le talent merveilleux
de s'affectionner les troupes ; ce qui faisait dire au maréchal de Broglie : « Il n'a manqué à M. le Dauphin que
» l'occasion pour se montrer un des plus grands héros
» de sa race. » Au dernier camp de Compiègne, portant
déjà depuis long-temps dans le sein le germe de la maladie dont il mourut, on le vit diriger les travaux, comme
le plus habile ingénieur, commander les évolutions avec
la dignité d'un roi, le ton, l'aisance et la précision du
général le plus expérimenté. On remarqua surtout qu'il
était actif, se trouvant le premier à toutes les opérations ;
généreux, jusqu'à anticiper sur ses revenus pour gratifier
le soldat ; affable, disant dans l'occasion un mot à un
officier, faisant à l'autre un signe gracieux, donnant à
tous quelque marque d'attention. Il sortit un jour en uniforme après son dîner, pour aller visiter le quartier des
dragons-dauphin, qui était fort éloigné de la ville. Les
officiers, qui n'étaient pas avertis, étaient alors absents ;
mais quelques soldats, l'ayant reconnu à son uniforme et
à son cordon bleu, se mirent à crier : « Voilà notre colonel. » Tous à l'instant se rassemblèrent autour de lui,
jetant leurs casques en l'air, et poussant mille cris de joie.
Comme ils n'avaient pas de siège à lui présenter, ils lui

offrirent une botte de paille, sur laquelle il ne fit point
de difficulté de s'asseoir. Les officiers, avertis de son
arrivée, se rendirent auprès de lui avec un empressement
qu'il est aisé d'imaginer : il s'entretint familièrement avec
eux, et leur demanda la grâce de quelques dragons qui
étaient aux arrêts : « Ne voulant pas, dit-il, qu'il y eût
» aucun malheureux dans un jour qui lui causait tant de
» joie. » Un ancien officier général disait, à cette occasion, qu'il se regarderait comme un personnage dans
l'État, s'il était simple dragon dans le régiment Dauphin.

Quelque temps avant le départ de Compiègne, après
avoir commandé un exercice : « Mes enfants, dit-il
» aux soldats, je suis d'autant plus content de vous que
» vous avez très-bien fait, quoique je vous aie moi-même
» fort mal commandé. » Le prince de Condé lui disait,
en revenant du camp, qu'il avait été charmé de la manière dont il avait paru à la tête de son régiment, et de
l'air martial qu'avaient tous ses dragons : « N'est-ce pas
» bien dommage, lui dit le Dauphin en riant, que je ne
» me sois pas trouvé avec ces braves gens dans des occa-
» sions plus brillantes ? » Il voulut un jour souper sous
la tente au milieu des officiers : le repas fut, à la vérité,
mieux servi qu'il ne l'est ordinairement dans un camp ;
mais ce qui en fit le principal assaisonnement, ce fut la
bonne humeur du prince, les propos obligeants qu'il
adressait aux convives, sachant si bien faire distinction
de rang et de mérite, que tous étaient satisfaits, et se
croyaient placés dans son estime au degré qui leur était
dû. La Dauphine, curieuse de voir une armée rangée en
bataille, se rendit un jour au camp. A son arrivée, le
Dauphin alla à sa rencontre, lui donna le bras, et s'a-
vançant vers les troupes : « Avancez, mes enfants, leur

» dit-il , voilà ma femme. » Paroles bien éloquentes dans
la bouche d'un Dauphin. A peine furent-elles prononcées,
que tout le camp retentit des cris réitérés de : *Vive monseigneur le Dauphin et madame la Dauphine.* Les soldats des derniers rangs , qui avaient crié sans savoir
pourquoi, recommençaient quand ils apprenaient de leurs
camarades la manière militaire dont le Dauphin venait de
leur présenter la Dauphine.

Quoique ce prince fût guerrier par inclination, on pouvait cependant compter que s'il fût monté sur le trône,
il eût été pacifique par amour pour les peuples, et qu'il
eût préféré le plaisir de faire le bonheur de ses sujets à la
gloire d'humilier ses voisins. « Les plus grands conqué-
» rants, dit-il dans un de ses écrits, sont fort au-dessous
» des rois pacifiques, justes et humains; il est bien plus
» beau d'être les délices du monde que d'en être la ter-
» reur. Un prince, ajoute-t-il, qui entreprend une guerre
» uniquement pour sa gloire personnelle, est égale-
» ment en horreur à Dieu et aux hommes; mais un roi,
» digne de l'être, l'évite sans la craindre, et la soutient
» avec courage quand elle est inévitable; il se montre,
» dans l'occasion, prodigue de son sang, et toujours
» avare de celui de ses sujets. »

La journée de Fontenay, mieux que tous les préceptes
qu'on eût pu lui donner, avait fait sentir au Dauphin ce
que c'était qu'être roi; et plus la nation lui avait paru
en cette occasion affectionnée au service de ses maîtres,
et docile à leur voix, plus il se croyait obligé d'apprendre
à ne lui commander qu'avec sagesse. Depuis ce moment,
la perspective du trône, qui présente une idée si flatteuse
aux yeux du vulgaire, qui ne sait point en apprécier les
charges, eut pour lui quelque chose d'effrayant : une couronne lui parut un fardeau accablant; et lorsqu'il parlait,

ou même qu'il écrivait sur ce qu'il se proposait de faire, si Dieu l'appelait au gouvernement des peuples, il avait coutume de dire : *Si j'ai le malheur de monter sur le trône.* C'est d'après ces dispositions, qui avaient toujours fait la règle de sa conduite, qu'au lit de mort, il disait à son confesseur : « Je n'ai jamais été ébloui par » l'éclat du trône auquel ma naissance m'appelait, parce » que je ne l'ai jamais envisagé que du côté des devoirs » redoutables qui l'accompagnent, et des périls qui l'en- » vironnent. » Ces sentiments ne partaient point d'une âme pusillanime ; ce prince, au lieu de se décourager à la vue d'une couronne qu'il redoutait, se prépara, par un travail qui ne finit qu'avec sa vie, à en soutenir tout le poids, s'il plaisait à la Providence de l'en charger un jour.

Il s'appliqua d'une manière particulière à contenir les droits comme les obligations attachés à l'autorité souveraine, et cette connaissance lui paraissait essentielle dans un prince. « Ne point connaître, dit-il, l'origine, l'éten- » due et les bornes de son autorité, c'est pour un prince » ne connaître ni la nature, ni les propriétés de son » être. » Les rois, selon lui, tiennent leur autorité de Dieu seul, dont ils sont comme les lieutenants sur la terre. « Tout vient de Dieu, dit-il, tout doit retourner à » Dieu... »

Cette autorité suprême que le Dauphin reconnaît dans un souverain, n'a sans doute aucun de ces caractères odieux que lui présente la philosophie moderne. Elle prévient les abus plutôt qu'elle ne les punit. Elle n'est ni despotique, ni tyrannique, mais bienfaisante et modérée. L'empire qu'elle exerce est tout à l'avantage de la société dont elle contient tous les membres dans cette heureuse harmonie qui fait le bonheur et la force des empires. C'est toujours sur le modèle le plus parfait que ce prince veut qu'un souverain se règle dans l'exercice du pouvoir suprême. « Un monarque, dit-il, image de la » Divinité sur la terre, doit la prendre pour modèle dans » l'usage de sa puissance. Elle encourage les hommes à » la vertu par l'attrait des récompenses ; elle détourne du » vice par la crainte des châtiments ; elle dirige tout selon » l'ordre admirable qu'elle a établi dans l'univers ; im-» muable comme elle, le monarque doit respecter lui-» même les lois qui sont émanées de sa puissance ; et s'il » n'a pas de juge ici-bas, il ne doit jamais oublier qu'il » en est un dans le ciel qui juge également et les rois et » les peuples. »

L'autorité paternelle lui paraît encore une image na-turelle de celle qu'un souverain doit exercer sur ses peu-ples. « Le monarque, dit-il, doit se regarder comme le » chef d'une nombreuse famille. Il doit aimer ses peu-» ples, non comme un maître aime ses esclaves, mais » comme un père aime ses propres enfants ; il leur doit le » même soin, la même application à les rendre heureux. » Il doit avoir le même désir d'entretenir et d'augmenter » leur respect et leur amour pour la religion. Il doit être » jaloux de leur respect et de leur gloire. Le principal » objet de l'attention d'un roi, dit-il ailleurs, est le sou-» lagement de ses peuples ; et sa plus grande gloire est de » les rendre heureux. »

Après avoir discuté les différentes matières qui concer-nent l'administration publique, le Dauphin s'appliqua à les rapprocher avec ordre, pour former son plan de gou-vernement. Il travaillait à cet ouvrage quand la mort l'enleva.

L'agriculture parut au Dauphin un objet digne de toute son attention. Il protégea, en plusieurs occasions, ces

sociétés qui ont travaillé avec tant de succès à perfectionner cet art, la source des vraies richesses d'un état.
Il reçut leurs mémoires, et les lut avec plaisir. Il appelle
les laboureurs « *une classe d'hommes utiles à la so-*
» *ciété.* Il faut, dit-il, que les laboureurs, sans être
» riches, soient dans un état d'aisance, et ne craignent
» point, en rentrant des champs au logis, de trouver les
» huissiers à leurs portes : prétendre s'enrichir en les
» dépouillant, c'est tuer la poule aux œufs d'or. » Comme
» on lui représentait que ses revenus étaient trop bornés,
et qu'à son âge le Dauphin, fils de Louis XIV, avait cin-
quante mille francs par mois pour sa cassette : « Il ne me
» serait pas difficile, répondit-il, d'obtenir du roi la
» même somme ; mais comme je ne la recevrais que pour
» la donner, j'aime mieux que le pauvre laboureur en
» profite, et qu'elle soit retranchée sur ses tailles. »

Il avait coutume de dire qu'il était plus jaloux d'être
aimé des paysans que des courtisans. Quelquefois, pendant les voyages du roi, il prenait plaisir à se faire raconter ce que disaient de lui les habitants des campagnes.
On lui rapportait un jour qu'un laboureur picard, après
s'être expliqué fort cavalièrement sur le compte de quelques seigneurs de la cour, avait ajouté qu'il aimerait
toujours M. le Dauphin, parce qu'à la chasse il n'entrait
point dans les terres encore couvertes de leurs moissons.
« N'admirez-vous pas ces bonnes gens, dit alors le Dau-
» phin à l'abbé de Saint-Cyr, ils nous aiment parce que
» nous ne leur faisons point de mal ; et des courtisans
» rassasiés de nos bienfaits n'ont pour nous que de l'in-
» différence. » Aucun laboureur, en effet, n'eut jamais à
se plaindre que ce prince eût causé le moindre dommage
dans son champ. Un jour qu'il chassait avec le roi dans
les environs de Compiègne, son cocher voulait tra-

verser une pièce de terre dont la moisson n'était pas encore levée; s'en étant aperçu, il lui cria de rentrer dans le chemin; le cocher lui observa qu'il n'arriverait pas à temps au rendez-vous. « Soit, répliqua le prince, j'aimerais mieux manquer dix rendez-vous de chasse que d'occasioner pour cinq sous de dommage dans le champ d'un pauvre laboureur. »

Toutes les vues de ce prince tendaient à rendre les peuples heureux. Un officier attaché à son service racontait que souvent il entrait avec lui dans les moindres détails relatifs à la subsistance du bas peuple. Il s'informait de ce que pouvait gagner la classe des ouvriers qui gagnent le moins; il calculait les petites dépenses nécessaires pour leur nourriture, et celle de la famille qu'il leur supposait. Le prix du pain, des légumes et des denrées les plus communes, n'échappait point à ses recherches. Un jour qu'il s'informait de l'état du peuple, sur ce qu'on lui répondit qu'en général il n'y avait point de misère : « Il faut, reprit-il, que la Providence y veille; car, suivant mon calcul, il devrait y en avoir. » Toutes les calamités publiques lui devenaient personnelles; il souffrait avec le peuple quand il le voyait réduit à une de ces disettes que ni la puissance, ni la sagesse du monarque le plus humain ne sauraient détourner. Une guerre sanglante ou dispendieuse l'affligeait sensiblement; une nouvelle imposition, devenue nécessaire pour la soutenir, le faisait gémir; en un mot, chaque charge de l'État en était une pour son cœur. Le duc de la Vauguyon, à l'occasion d'une fête qui s'était donnée à Versailles pour la naissance d'un prince, disait qu'il ne comprenait pas comment Assuérus avait pu tenir à la fatigue des festins qu'il donna pendant cent quatre-vingts jours aux grands de son royaume : « Et moi, dit le Dauphin, je ne sais

4..

» comment il a pu subvenir à la dépense ; et je présume
» que ce festin de six mois à sa cour aura été expié par
» un jeûne solennel dans ses provinces. — Il faudrait,
» disait-il dans une autre occasion, à l'ambassadeur
» d'Espagne, pour qu'un prince goutât une joie bien pure
» au milieu d'un festin, qu'il pût y convier toute la na-
» tion, ou que du moins il pût se dire en se mettant à
» table : *Aucun de mes sujets n'ira aujourd'hui se cou-*
» *cher sans souper.* » Il contribuait au soulagement des
peuples aux dépens de ses plaisirs et de ses amusements
les plus légitimes ; on pourrait même dire de ses besoins.

LIVRE TROISIEME.

———◆———

Si le Dauphin, à un esprit orné de tant de connaissances et un cœur si bienfaisant, eût joint une âme moins
vertueuse et moins chrétienne, il n'en eût été que plus
grand aux yeux de ces prétendus philosophes, assez dé-
réglés pour croire qu'on peut se soustraire à l'opprobre du
vice par le mépris de la vertu; mais ce prince fut toujours persuadé qu'on ne pouvait être grand, d'une véritable et solide grandeur, que par la fidélité aux devoirs
de cette triple justice qu'on se doit à soi-même, et qu'on
doit également aux hommes et à Dieu. Et c'est d'après la
conviction de ce principe, que lui-même établit dans ses
écrits, qu'il travailla constamment à réunir aux qualités
propres du prince et de l'homme toutes les vertus qui for-
ment le parfait chrétien.

L'enfance est l'âge des défauts. La sienne n'en fut point

exempte ; et il eut tous ceux qu'on peut regarder dans un enfant comme les suites naturelles d'un caractère bouillant et impétueux ; mais jamais les fautes dans lesquelles il tombait ne furent de nature à inquiéter sur sa religion. Lors même qu'en certains moments d'humeur, où, s'abandonnant à ses petits chagrins, il affectait de ne craindre personne, la crainte de Dieu le contenait et le faisait rentrer en lui-même. Si quelquefois il témoignait de la répugnance, ce n'était jamais pour ses devoirs de chrétien ; toujours il s'en acquittait religieusement et avec goût. Parmi les officiers attachés à sa personne, ceux en qui il reconnaissait plus de piété étaient ceux qu'il aimait davantage. On était sûr de l'intéresser et de lui faire plaisir en lui lisant ou en lui racontant un trait édifiant ; et toujours il témoignait un vif désir d'imiter les exemples de vertu qu'on lui proposait. On se rappelle que fort jeune encore, il dit à l'évêque de Mirepoix que saint Louis était de tous les rois ses aïeux celui auquel il aimerait le mieux ressembler. Il le prit en effet pour modèle ; et la suite de cet ouvrage nous fera reconnaître de plus en plus sa fidélité à retracer ses vertus.

Jamais prince ne fut plus instruit de sa religion que ne l'était le Dauphin. Il l'avait étudiée comme chrétien pendant son éducation, il l'étudia, dans la suite, en prince destiné à en être un jour le protecteur et l'appui. Il savait rapprocher méthodiquement toutes les preuves qui en démontrent la divinité. Il disait en quel temps une erreur s'était élevée, dans quel concile elle avait été condamnée. L'évêque de Verdun, dans un entretien qu'il avait avec lui sur la religion, lui parlait du danger qu'il y a pour des fidèles peu instruits d'entrer en dispute avec les partisans de l'erreur. « Non, lui dit le prince, ils ne doivent » pas entrer en discussion avec des gens qui peuvent être

» plus subtils qu'eux : mais il me semble que le paysan
» le plus simple peut confondre le plus savant hérésiar-
» que, et mettre de son côté tous les gens de bon sens,
» en opposant à ses vains raisonnements ce seul mot de
» saint Augustin : *Vous n'étiez pas hier.* »

Les productions de la nouvelle philosophie, si funestes
à tant d'esprits superficiellement instruits de leur religion, ne firent jamais sur lui qu'une impression d'horreur : nous avons vu ailleurs ce qu'il en pensait. Les
subtilités les plus captieuses des impies n'avaient pas
même de quoi l'étonner : on l'a vu analyser en peu de
jours leurs systèmes les plus compliqués, en découvrir
le poison, et y opposer le véritable antidote. Souvent, le
livre en main, il réfutait leurs sophismes, à la première
lecture, et sans préparation. Un jour qu'il parcourait,
avec l'abbé de Saint-Cyr, une brochure contre la religion,
la Dauphine entra dans son cabinet : « Approchez, lui
» dit-il, nous faisons une lecture édifiante, vous en pro-
» fiterez. » La princesse, qui ne s'aperçut pas qu'il plai-
santait, le pria de continuer; il n'eut pas plutôt lu la
première phrase, qu'elle se récria, et lui dit que, s'il
voulait poursuivre, elle allait lui tirer sa révérence.
« Vous avez raison, lui dit le Dauphin en riant, il ne faut
» pas scandaliser les faibles, » et il ferma le livre. Quand
la princesse fut sortie, il le reprit et tomba sur un endroit qui avait quelque chose de séduisant. L'abbé de
Saint-Cyr, faisant alors allusion à ce qu'il venait de dire
à la Dauphine, lui dit : « Voilà un sophisme qui pourrait
» en scandaliser d'autres que des faibles : je ne me sou-
» viens pas de l'avoir jamais entendu proposer. Com-
» ment, M. le docteur, lui dit le Dauphin, parce que
» cette vieille chicane de Celse est habillée à la française,

» vous ne la reconnaissez pas? » Il lui cita en même temps l'auteur ecclésiastique qui l'avait réfutée.

Il est aisé de juger, par ce que nous venons de dire, combien il était éloigné du sentiment que lui prête un de ses panégyristes, qui le fait bénir le ciel d'être né dans le siècle éclairé de la philosophie. « Il eût parlé bien plus » juste (c'est une réflexion de la Dauphine), en disant » qu'il gémissait de vivre dans un siècle qui abusait si » criminellement de ses lumières. » Cette princesse assura qu'elle n'avait point reconnu le Dauphin au portrait qu'en a tracé le même auteur; et, entre autres choses, elle lui reprochait d'avoir semblé rougir des vertus dont son héros se tenait le plus honoré : en effet, comme si le patriotisme n'avait rien de commun avec la religion, l'écrivain, à la faveur de la qualité qu'il se donne d'orateur de la patrie, se dispense de parler des vertus chrétiennes du Dauphin; il n'en dit pas un mot. Il annonce seulement qu'il parlera de l'esprit de religion qui l'animait; et, au lieu de tenir parole, il se contente de jeter au hasard quelques définitions arbitraires, qui semblent insinuer que l'esprit de religion n'est autre chose, pour un prince, que l'art de faire entrer la religion dans son plan de gouvernement, comme un frein propre à contenir les peuples dans le devoir, par la crainte des châtiments ou des remords qui suivent le crime : vues intéressées d'un politique, qui fait servir indifféremment le sacré et le profane à sa propre utilité : les vues du Dauphin étaient bien plus droites, plus nobles et plus dignes d'un bon prince. Envisageant la religion comme l'unique moyen de conduire l'homme au souverain bonheur, il veut qu'un roi s'applique à la faire fleurir dans ses États; mais qu'il le fasse de bonne foi, et avec le cœur d'un père, plutôt qu'avec les yeux d'un politique. « Le monarque, dit-il,

» doit s'appliquer dans ses États, comme un père dans sa
» famille, à entretenir et augmenter dans ses sujets le
» respect et l'amour pour la religion. »

La conduite de ce prince était en tout conforme à ses
lumières et à sa foi. Ses actions extérieures pouvaient
être regardées comme une censure du vice et un encoura-
gement à la vertu. Sans s'écarter jamais des règles de la
politesse, ni des égards dus à la naissance, au caractère
ou aux emplois, il savait se montrer indifférent envers
ceux qui l'étaient pour la religion. Il était rare qu'il
fît un compliment désagréable, même à un homme
notoirement décrié sur l'article de la religion ou des
mœurs; mais pour peu qu'on le connût, on s'apercevait aisément à son ton, à son air, à ses expressions
ménagées, qu'il n'avait pour lui que de l'éloignement et
du mépris.

Quant à sa piété, elle était sincère et vive. Plein de
confiance dans les mérites et la protection de saint Louis,
son aïeul, et depuis long-temps son modèle, il ne laissait passer aucun jour sans lui adresser cette prière :
« Dieu éternel qui, depuis l'établissement de cette mo-
» narchie, lui donnez des marques d'une protection toute
» spéciale, accordez aux mérites et aux vœux de saint
» Louis, que ses descendants, que votre serviteur, et
» tout votre peuple, soient les imitateurs des vertus qu'il
» a pratiquées, afin que, conservant la paix au-dedans
» et au-dehors, nous soupirions uniquement après la
» joie de ce royaume où les rois et les peuples, ne
» reconnaissant plus que vous seul pour pasteur et pour
» père, seront unis entre eux par les liens d'un amour
» éternel. »

Il avait une dévotion particulière à la sainte Vierge.
« Adressons-nous à elle avec la confiance la plus tendre,

» dit-il dans ses écrits, songeons aux titres qu'elle a au-
» près de Dieu, admirons sa sainteté, efforçons-nous
» d'imiter ses vertus. » Un jour qu'on parlait en sa
présence du vœu de Louis XIII : « Ce prince, dit-il,
» entendait bien les intérêts de la nation quand il l'en-
» gageait, par son exemple, à s'appuyer d'une si puis-
» sante protection. »

Le Dauphin ayant été quelque temps en péril, après la
naissance du comte de Provence, il fit vœu, pour le ré-
tablissement de sa santé, d'aller à Notre-Dame de Char-
tres. La princesse étant guérie, voulut l'accompagner
dans ce voyage de dévotion ; et dans un siècle où l'esprit
d'incrédulité s'efforce de jeter un vernis de petitesse sur
tout ce qui tient à la religion, on voyait ces deux vertueux époux, à l'exemple de nos plus grands princes, se
faire honneur de la simplicité de leur foi, et de ces pratiques respectables que la piété de nos pères a consacrées,
et qui font encore l'édification publique.

Les sacrements étant les sources de grâces les plus fé-
condes, le Dauphin se proposa d'en faire toute sa vie
un saint et fréquent usage. Il ne laissa jamais passer
un mois sans s'approcher du tribunal de la pénitence,
et ordinairement il le faisait plus souvent. Il se disposait à ce sacrement par la recherche exacte des moindres
fautes.

Il communiait aussi fréquemment ; voici ce qu'il avait
écrit lui-même sur l'eucharistie, d'après l'heureuse expérience qu'il en avait faite : « Ce sacrement éclaire l'âme
» sur ses devoirs ; il la dégoûte des plaisirs des sens, il
» lui en découvre le néant, il lui en fait sentir le dan-
» ger, et lui donne la force de résister à leurs amorces.
» Il la soutient contre la séduction des mauvais exem-
» ples et contre elle-même ; aussi Jésus-Christ, au jour

» de son jugement, n'aura-t-il pas de reproche plus ter-
» rible à faire aux réprouvés, que de n'avoir pas voulu
» profiter d'un moyen de salut si puissant. Pour en pro-
» fiter, deux choses sont également nécessaires, com-
» munier dignement, et communier souvent. C'est en
» communiant souvent, qu'on apprendra à communier
» plus dignement. Ceux qui n'ont pas beaucoup d'affaires
» doivent profiter de leur loisir pour communier souvent;
» ceux qui sont chargés d'affaires les plus importantes,
» doivent aussi communier souvent, afin d'être en état
» d'en soutenir le poids. » On voit ici que les ouvrages
de saint François de Sales n'étaient pas inconnus à ce
prince.

On a remarqué que depuis qu'il fit sa première communion jusqu'à sa mort, il ne s'était jamais écoulé deux
mois sans qu'il se fût approché des sacrements. Ni l'em-
barras des affaires, ni la dissipation des voyages, ni le
tumulte des armes, ne l'empêchèrent jamais d'être fidèle
au plan de vie qu'il s'était tracé. A Compiègne, comme à
Fontainebleau; à la tête de nos armées, comme à Versailles; partout il montrait la même fidélité à fréquenter
les sacrements. Sans respect humain, comme sans osten-
tation, il ne cherchait que Dieu pour témoin de sa piété;
mais il n'eût pas rougi d'une action vertueuse en présence d'une armée entière qui l'eût désapprouvée. « Je me
» souviens, écrit le duc de la Vauguyon, qu'à mon re-
» tour de l'armée, un homme bien recommandable par
» ses talents et ses vertus, M. le chancelier d'Agues-
» seau, touché jusqu'aux larmes de la piété de M. le
» Dauphin, me disait un jour : Ah! monsieur, qu'il est
» beau de voir un prince de cet âge ne pas rougir de Jésus-
» Christ, et se conduire par ses maximes jusqu'au milieu
» du tumulte des armes. »

Ce qui le soutenait et l'affermissait dans la vertu, c'est qu'il avait toujours présentes à l'esprit les grandes vérités de la foi, et surtout sa fin dernière : « A la mort, dit-il
» dans ses écrits, le monde finira pour moi, tous les
» objets qui m'attachent me seront enlevés ; tous les plai-
» sirs et leurs fausses joies ne me paraîtront plus que des
» fantômes trompeurs. Mon corps, cadavre hideux, de-
» viendra la pâture des vers ; mais quelle sera la destinée
» de mon âme ? La perdre pour l'éternité serait le plus
» grand des malheurs ; point d'efforts donc, point de sa-
» crifices qui doivent me coûter pour l'éviter. » Cette pensée salutaire de la mort lui devint plus familière en-core les trois dernières années de sa vie, lorsqu'il eut ressenti les premières attaques de la maladie dont il mou-rut. Quoiqu'il ne changeât rien à son genre de vie, et qu'il conservât toujours sa gaîté ordinaire, il semble qu'il avait un secret pressentiment du terme où aboutirait son indisposition ; et comme s'il eût voulu préparer la rési-gnation de la Dauphine, en lui faisant connaître la sienne, un jour qu'il s'entretenait avec elle de ce qui fixe princi-palement l'attention des peuples dans la vie des princes :
« Il y a surtout, lui dit-il, deux époques dans leur vie
» qui frappent les esprits : leur naissance et leur mort.
» Ma naissance a dû naturellement faire plus de sensa-
» tion que celle de mon fils ; et peut-être que dans peu
» vous serez témoin de l'impression que fera ma mort.
» — Le jour, dit la Dauphine, que mourut M. d'Aurillac,
» premier président du grand conseil, le roi dit qu'il
» aurait été bien à souhaiter qu'il eût eu une demi-heure
» de plus pour se reconnaître. — C'est bien peu, dit
» M. le Dauphin, pour se préparer à la mort. — Le roi
» dit que cela pouvait suffire, et moins encore, si on
» savait bien en profiter. — Oui, sans doute, répliqua

» M. le Dauphin; mais rien n'est si rare qu'un bon *pec-* » *cavi*, et il vaut mieux faire ses préparatifs d'avance. »

Quand on embrasse, comme ce prince, jusqu'aux conseils de perfection, on est bien éloigné de se permettre l'infraction des préceptes : toute sa vie il observa, avec la plus religieuse exactitude, les jeûnes et les abstinences ordonnés par l'Eglise. Il gémissait de l'aveuglement de ces chrétiens, qui, reconnaissant encore l'Eglise pour leur mère, ne se font point scrupule de se soustraire à ses préceptes, quand un médecin commode a trouvé dans leur délicatesse des raisons suffisantes de dispense. Dans les dernières années de sa vie, lorsque sa santé commençait à s'altérer et que le jeûne le fatiguait davantage, sur les représentations réitérées qu'on lui fit de ménager avec plus de soin une santé si précieuse à l'État, il se permit, pour tout adoucissement pendant le carême, de prolonger son sommeil d'une demi-heure; et il ne cessa d'être fidèle à la loi que lorsque ses médecins lui déclarèrent positivement qu'il ne pouvait l'observer sans porter un préjudice notable à sa santé; et alors même il se condamnait encore à des privations certains jours de la semaine. L'évêque de Verdun lui disait un jour qu'il avait tort de ne pas suivre fidèlement les avis de ses médecins : « C'est, » répondit-il en riant, que j'ai quelquefois remarqué que » les ordonnances de l'Église valent autant, pour la santé, » que celle de la faculté. »

En philosophe chrétien, il élevait souvent son âme à Dieu, et l'invitait à la reconnaissance, par le spectacle de la nature et la considération des différents bienfaits que la main du créateur, attentive à nos besoins, nous dispense avec tant de largesse. Ses pensées, toujours nobles, semblent acquérir ici un nouveau degré d'élévation par la grandeur du sujet.

Sous quelque point de vue qu'on envisage le Dauphin, on ne saurait le méconnaître : prince, homme ou chrétien, partout il est semblable à lui-même; et nous verrons bientôt que, soutenant constamment son caractère et sa vertu, il vit approcher sa dernière heure sans trouble et sans faiblesse, et parut tel au lit de la mort qu'il avait toujours été pendant sa vie. Plusieurs même ont cru qu'il s'était montré supérieur à lui-même dans sa dernière maladie; mais s'il parut plus grand alors, c'est qu'il fut mieux aperçu.

Le Dauphin était âgé de trente six ans, et les qualités de son esprit, jointes à une vertu consommée, faisaient concevoir les plus flatteuses espérances, quand on commença à s'apercevoir du dépérissement de sa santé. Il perdit sensiblement son embonpoint; la fraîcheur de son teint se flétrissait, et la pâleur effaçait peu à peu les plus belles couleurs de son visage. On vit avec étonnement un tempérament aussi vigoureux que l'était celui de ce prince, se consumer par la langueur : on en chercha la cause, et chacun fit ses conjectures. Plusieurs crurent que les maux de la religion avaient porté un coup mortel à son cœur. D'autres prétendirent qu'il s'était échauffé la poitrine en donnant trop de temps au travail, et trop peu au sommeil et aux autres délassements. Peut-être ces différentes causes réunies ont elles concouru au même effet. Quoi qu'il en soit, deux ans s'étant écoulés depuis qu'il avait ressenti les premières attaques de sa maladie, il se trouva dans un état d'épuisement qui l'accablait. Toute espèce de nourriture lui devint insipide : il ne conservait plus de goût pour le café. Il lui prit un jour envie de manger du raisin; il s'en trouva fort bien, et continua. Les médecins lui en permirent l'usage aussi fréquent qu'il le voulut; il en faisait presque son unique nourriture. L'appétit lui revint; et peu à peu il se remit à une nourriture ordinaire. On espérait que la nature reprendrait enfin le dessus : l'espérance fut de courte durée.

Pendant le voyage de Compiègne, il se fatigua considérablement à exercer les troupes du camp que le roi avait ordonné devant cette place. Il ne se contentait pas d'être spectateur des opérations, il les dirigeait lui-même. Rien ne se faisait que par ses ordres; et il se trouvait partout pour les donner. Tous les jours, pendant les matinées les plus fraîches, on le voyait, dès le lever du soleil, ranger lui-même les troupes en ordre de bataille, et commander les évolutions. Comme ces exercices lui plaisaient, et qu'il en soutenait volontiers la fatigue, on les jugeait plus utiles que nuisibles à sa santé. Un gros rhume qui lui survint au retour d'une promenade qu'il fit, par un temps humide, vers l'abbaye de Royal-Lieu, porta une atteinte mortelle à sa poitrine déjà fort affaiblie. Cependant le retour de la cour à Versailles, étant fixé à quelques jours de là, la crainte de lui occasioner un dérangement, l'engagea à prendre les moyens les plus prompts pour se défaire de son rhume : il garda la chambre, et prit toute sorte de palliatifs. Il voulait paraître guéri pour le jour du départ, il le parut. Mais à peine fut-il arrivé à Versailles que le mal s'aigrit sensiblement, il lui survint un crachement de sang accompagné d'accidents fâcheux. Une saignée le soulagea. Quelques jours après, il parut convalescent, quoiqu'il conservât toujours une toux sèche. Par le même motif de complaisance qui lui avait fait craindre d'apporter quelque retard au retour de Compiègne, il témoigna au roi que le séjour de Fontainebleau lui plairait beaucoup, et qu'il désirerait que le voyage se fît comme de coutume. Il s'y rendit avec la cour le 4 octobre. Les premiers jours après son arrivée, on crut apercevoir un mieux sensible. A la maigreur extrême de son visage succéda une bouffissure qu'on prit pour embonpoint. Il se trouvait bien de l'exercice qu'il prenait : on conçut des espérances.

Cependant le mal faisait sourdement des progrès ; et au moment où l'on s'y attendait le moins, tous les accidents qui s'étaient déjà annoncés reparurent avec des caractères plus effrayants. La toux devint plus violente, la fièvre plus forte, le sommeil plus agité ; et bientôt des expectorations purulentes indiquèrent la formation de l'abcès à la poitrine.

Les prières publiques que l'on fit pour lui ne furent point, comme on le voit quelquefois, des prières de cérémonies ; elles étaient commandées par le cœur, beaucoup plus que par les ordonnances des évêques ; et l'on vit, en cette occasion, la différence que le peuple met entre un prince et un prince. Chacun, envisageant la perte du Dauphin comme un malheur personnel, voulait sincèrement l'éloigner, et en prenait les moyens qu'il jugeait devoir être les plus efficaces.

Les différents corps de l'état et toutes les communautés ajoutèrent aux prières publiques des prières particulières et d'abondantes aumônes. Les pauvres, n'étant plus distraits par les inquiétudes de la misère, n'étaient occupés, comme le reste du peuple, qu'à offrir des vœux pour la cause commune. Les troupes, qui n'avaient pas oublié la campagne de 1745, et qui se rappelaient surtout les bontés dont le Dauphin les avaient comblées tout récemment au camp de Compiègne, prirent la plus grande part à la douleur publique, et l'on remarqua que, dans toutes les villes de guerre, elles donnèrent des preuves éclatantes de leur affection envers ce prince. Ce que fit en cette occasion le régiment des dragons-dauphin, me paraît digne d'être transmis à la postérité : il s'imposa un jeûne solennel, et pendant qu'il dura les églises étaient remplies de ces braves guerriers qui, prosternés au pied des autels, conjuraient le Dieu des armées, avec toute la ferveur de leur zèle, de leur accorder une vie pour laquelle ils eussent voulu verser tout leur sang. Les officiers de ce régiment répandirent de grandes aumônes dans la ville où ils étaient en garnison ; et le pauvre soldat, moins riche, mais aussi généreux que son officier, trouva de quoi exercer sa charité dans la modicité même de sa paie, dont une partie, par le jeûne qu'il s'était imposé, cessait de lui être nécessaire pour sa subsistance.

Tant de prières et de bonnes œuvres ne pouvaient être sans effet : si le ciel ne nous accorda pas la conservation du Dauphin, il nous accorda du moins de le faire revivre dans un fils héritier de son amour pour la religion et pour les peuples ; et il lui accorda à lui-même la grâce d'une bonne mort, qu'il désirait uniquement. Un jour qu'on lui parlait des prières qu'on faisait pour lui : « J'en » ressens les effets, répondit-il, car Dieu me fait des » grâces bien spéciales ; et toute ma crainte, c'est de n'en » pas assez profiter. »

Tandis que la France entière était dans le deuil et l'affliction au sujet de sa maladie, lui-même, possédant toujours son âme en paix, voyait approcher le moment de sa dissolution avec tous les sentiments de résignation et de confiance qu'une vie passée dans la vertu inspire aux plus grands saints. Pour donner une juste idée de ses dispositions dans ses derniers moments, je crois ne pouvoir mieux faire que de copier le récit qu'en fait la Dauphine. Ce morceau, le plus précieux peut-être de tout l'ouvrage, ne respire que le sentiment et la vérité. Les détails les

moins intéressants y intéressent, par là même qu'ils sont
d'une épouse qui ne pensait à écrire que pour elle-même.

« Le jour, dit la princesse, que les médecins virent
un danger pressant, La Breuille, suivant l'ordre qu'il en
avait reçu de M. le Dauphin, l'en avertit. Quoiqu'il fût
très-éloigné de cette pensée, il en reçut la nouvelle avec
une fermeté et une tranquillité que la religion seule peut
donner. Peu de temps après qu'il l'eut apprise, la reine
descendit chez lui; je la suivis avec mes enfants. La reine
me voyant les yeux rouges, et ne se doutant pas du danger où était M. le Dauphin, me dit que j'avais une fluxion
sur les yeux; M. le Dauphin me fixa dans ce moment, et
se doutant bien de ce qui pouvait m'avoir rougi les yeux,
il me demanda si cette fluxion m'avait prise en m'éveil-
lant ou depuis? Je lui répondis que j'avais eu mal aux
yeux depuis le matin. Il me fit une seconde question, par
laquelle je compris bien qu'il me demandait si j'avais
pleuré : je fis semblant de ne pas entendre. Il en resta
là, et continua de parler à la reine avec sa tranquillité
ordinaire.

» L'après-midi, il envoya chercher M. de Muy, et lui
fit beaucoup de questions sur une maladie de poitrine
qu'il avait eue; il reçut ensuite la visite de la reine. Dès
qu'elle fut sortie : « Où croyez-vous que soit M. Collet?
» car je veux me confesser cet après-midi : çà toujours été
» mon projet. Envoyez-le chercher. » J'allai chercher
M. Collet, qui était chez moi, et je redescendis. Il me dit
de lui apporter ses livres pour se préparer, me fit rester
auprès de son lit, et fit sa préparation avec la plus grande
tranquillité. Quand il fut prêt, il me dit de faire entrer
son confesseur. Sa confession finie, il m'envoya chercher,
et me dit : « Je comptais faire mes dévotions dimanche;
» mais M. Collet m'a dit, tout à la franquette, qu'il va-

» lait mieux que je communiasse en viatique. » Ensuite
il me demanda ce que j'avais fait toute la matinée : je lui
répondis que je n'avais pas fait grand'chose. Il me dit :
« Vous vous êtes au moins lavé les yeux; » il voulait
dire que j'avais pleuré. Je lui avouai que cela était vrai;
et, dans ce moment même, ne pouvant contenir mes larmes, elles coulèrent de nouveau : il le vit, et me dit en
souriant : « Allons donc, courage, courage! »

» Il envoya ensuite chercher Adélaïde; et quand elle
fut arrivée, il lui répéta ce qu'il m'avait dit sur sa communion; puis, s'adressant à toutes deux, il nous dit :
» Je ne puis vous exprimer, mes sœurs, combien je suis
» aise de partir le premier : je suis fâché de vous quit-
» ter; mais je suis bien aise de ne pas rester après vous. »
Cela nous fit pleurer. Il s'attendrit lui-même, et nous dit :
« Ah! finissez donc, vous me faites de la peine; » et tout
de suite il nous conta que M. Collet lui avait dit qu'il
ferait bien de recevoir ses sacrements; qu'il espérait que
le bon Dieu exaucerait les vœux qu'on faisait pour lui;
mais que s'il en disposait autrement... « Oh! nous dit-
» il, quand il en a été là, il n'a pu achever, tant il pleu-
» rait; et je lui ai dit qu'il faisait l'enfant. »

» Il nous dit ensuite qu'il espérait recevoir ses sacrements le jeudi, pourvu que le roi ne chassât point, parce
qu'il ne voulait pas le déranger. Quand le roi vint chez
lui, il fit la conversation à l'ordinaire; mais il le ques-
tionna beaucoup sur les jours de la semaine où il chasse-
rait; et il fut fort aise d'apprendre qu'il ne sortirait pas
le jeudi. Après que le roi fut sorti, il me demanda ses
livres de prières, comme il avait toujours fait pendant sa
maladie. En me les rendant, il me demanda si j'avais son
crucifix, qu'il me donnait à porter dans tous ses voyages;
je lui dis qu'oui, et je lui ajoutai qu'il avait des indulgen-

Le Père de Louis XVI.   5

ces *in articulo mortis.* « Ah! tànt mieux, s'écria-t-il,
» il me sera bien utile. »

» Le soir, il envoya chercher le cardinal de Luynes ; il
lui dit qu'ayant résolu de recevoir ses sacrements, il le
priait de lui dire l'usage de son diocèse pour l'Extrême-
Onction. Le cardinal, troublé par cette demande, à laquelle il ne s'attendait pas, répondit qu'il craignait de
se tromper; qu'il le chercherait dans le Rituel. « Ah! je
» vous en prie, lui dit M. le Dauphin, envoyez-le-moi
» par écrit dès ce soir. » Le cardinal m'apporta le soir
l'extrait du Rituel, que je remis à M. le Dauphin, qui
me l'avait déjà demandé plusieurs fois dans la soirée. Il
le lut avec attention, et me le remit en me disant :
« Gardez-le jusqu'à demain matin ; car il faudra le mon-
» trer à M. Collet ; » ce qu'il disait, parce que le Rituel
de Sens ordonne qu'on ne donnera l'Extrême-Onction aux
malades que dans un danger éminent. Quoique son état
lui parût dangereux, il ne le croyait pas si pressant qu'il
l'était, et il voulait suivre la règle en tout.

» Le lendemain, vers les huit heures, il me dit de faire
venir son confesseur, qu'il envoya au cardinal pour s'arranger sur l'Extrême Onction. Il me fit appeler pendant
ce temps-là, me demanda son crucifix, et me désigna la
place où il voulait qu'il fût attaché à son lit. Son confesseur revint ; je sortis. Environ une demi-heure après, il
me fit appeler, et me dit avec un air riant et tranquille :
« Je ne comptais recevoir le bon Dieu que demain, mais
» M. Collet veut que ce soit ce matin. » Il m'ordonna en
même temps de lui apporter les livres dont il avait besoin et qu'il me nomma. Ensuite il me dit : « Où serez-
» vous pendant que je recevrai mes derniers sacrements?
» Il faut que vous restiez en haut, chez vous. » Je lui
demandai la permission de me tenir dans un cabinet der-

rière sa chambre : « Eh bien ! à la bonne heure; » me
dit-il. Il donna lui-même ses ordres pour l'arrangement
de sa chambre pour recevoir le bon Dieu. Il reçut ses sacrements à onze heures et demie. Je ne rapporte pas
toute l'édification qu'il a donnée en les recevant. Ceux
qui en ont été témoins peuvent en rendre un compte
plus exact que moi, qui n'y étais pas.

» Après la messe, qu'il entendit tout de suite, il me fit
appeler. Le roi étant dans ce moment auprès de son lit,
il me fit seulement un geste qui exprimait toute sa joie;
et je n'oublierai jamais l'air de contentement, de joie,
de béatitude qui brillait dans ses yeux, et qui était répandu sur son visage. Le roi s'étant un peu éloigné, il
me tendit la main, en me disant : « Je suis ravi de joie;
» je n'aurais jamais cru que recevoir ses derniers sacre-
» ments effrayât si peu, et donnât tant de consolation;
» vous ne sauriez l'imaginer ! » Mesdames vinrent un
moment après, lorsque le roi était encore auprès de son
lit, en les voyant, il se mit la main sur la poitrine, pour
leur faire connaître la douceur des consolations qu'il ressentait. Il fut très-gai avec le roi et la reine; mais de temps
en temps il jetait les yeux sur son crucifix qui était sur
son lit, et il le regardait avec une joie et un contentement
qui éclataient malgré lui.

» Quand il vit que le roi allait sortir, il pria la reine de
se retirer un moment, et parla au roi en particulier. Après
son dîner, il m'ordonna de lui apporter son écritoire avec
du grand papier, et d'aller chez moi jusqu'à ce qu'il
m'envoyât chercher. La reine vint après son dîner, il n'a-
vait pas fini d'écrire, il la pria d'attendre. Quand il eut
achevé, il nous rappela, la reine et moi, et nous parut
fort content. Il avoua pourtant qu'il était fatigué, et il se
mit sur le côté. La reine qui crut qu'il allait dormir, prit

5.

un livre et moi aussi. Au bout d'un petit moment, il se retourna, et dit : « Ah ! vous lisez ? j'aimerais mieux que » vous fissiez la conversation. » Il y prit part lui-même, et répéta à la reine combien il avait éprouvé de consolation en recevant les sacrements La reine lui en témoigna sa joie ; mais elle ajouta qu'elle était remplie d'espérance pour sa guérison ; il se retourna avec vivacité, et lui dit : « Ah ! maman, je vous en prie, gardez cette espérance » pour vous ; car, pour moi, je ne désire point du tout » guérir. » Il dit après cela à la reine : « Vous devez » être étonnée de ce que je ne vous ai point parlé ce ma- » tin de mes sacrements ; mais je ne savais pas encore » que je dusse les recevoir aujourd'hui. Il est assez plai- » sant que tout le monde en fût averti, excepté moi. »

» Quand la reine fut sortie, il envoya chercher Adelaïde. En arrivant, elle lui dit : J'ai quitté pour vous bonne compagnie, car j'avais chez moi le roi et madame la comtesse de Toulouse. « Voyez, dit-il en riant, les » égards que l'on a pour les pauvres mourants ; leur mo- » ment est bien brillant, c'est dommage qu'il ne soit pas » plus long. » Il fut très-gai toute la journée, et l'on voyait sa joie redoubler toutes les fois qu'il regardait son crucifix. Après le salut, il fit venir ses enfants, et les reçut à l'ordinaire, sans leur parler de son état. Se trouvant seul avec Adélaïde et moi, il nous dit qu'il eût voulu ne pas recevoir l'Extrême-Onction, parce qu'il n'était pas dans le danger pressant que le Rituel exigeait ; mais que son confesseur lui avait représenté qu'il ferait bien de la recevoir, tant pour l'édification, que parce qu'en la recevant avec toute sa présence d'esprit, il en retirerait plus de fruits ; et que d'ailleurs il éviterait par-là un second spectacle à la famille. Il ajouta qu'il avait répondu à son confesseur, qu'il eût donc à s'arranger là-dessus avec le cardinal de Luynes. Il nous dit ensuite qu'il avait été touché de l'état de M. le prince de Condé, qui avait fondu en larmes pendant toute la cérémonie.

»Le jeudi matin, il me demanda comment j'allais, et me dit : « Je crois que vous avez plus de force et de courage
» aujourd'hui ; ainsi je vais vous confier ce que j'ai dit
» hier au roi, quand j'ai prié la reine de se retirer ; je
» lui ai demandé qu'il vous laissât maîtresse absolue de
» l'éducation de vos enfants, si je venais à mourir. » Je fondis en larmes, et me jetai sur sa main sans m'apercevoir que le roi entrait, et se trouvait derrière moi. Il le vit, et me dit : « Prenez donc garde, voilà le roi. » L'après-midi il raconta tout ce qu'il m'avait dit à Adélaïde. « J'ai bien mal pris mon temps ; car le roi est entré dans
» ce moment ; et la pauvre créature a été obligée de ren-
» foncer ses larmes. » Il nous dit aussi que si le bon Dieu lui prêtait vie, il espérait recevoir encore une fois ses sacrements au bout de l'intervalle des dix jours prescrits par le Rituel ; et il compta que le dixième jour serait le samedi. Il le dit aussi au roi, en lui demandant s'il serait nécessaire qu'il y vînt, parce qu'il voulait épargner cette peine à tout le monde, et il en chercha les moyens.

» Quelques jours après, je le priai de s'unir d'intention aux prières qu'on faisait pour obtenir sa guérison. « Non,
» répondit-il, M. Collet me l'a défendu. » Je lui dis que je ne croyais pas cela ; il se mit à rire et me dit : « Il est
» vrai qu'il ne me l'a pas défendu ; mais il ne me l'a pas
» conseillé, parce que tout cela me troublerait et m'agi-
» terait. » La reine lui dit aussi un jour la même chose que moi, et elle ajouta qu'il y était obligé, parce que sa vie était utile et nécessaire à la religion. « Ah ! maman,
» lui répondit-il, les vues de la Providence sont bien dif-
» férentes de celles des hommes. » Il ne pouvait pas

croire qu'il fût bon à rien, ni qu'il fût aussi aimé des peuples qu'il l'était. Quand il sut qu'on continuait les prières de quarante heures au-delà du temps ordinaire, il en parut mécontent, « parce que, disait-il, selon les » règles de l'Eglise, ces prières ne doivent durer que » trois jours. »

» Il était continuellement occupé de la pensée de recevoir le bon Dieu une seconde fois, il en parlait souvent; et, au bout de trois jours, il demanda à La Breuille s'il n'était pas encore dans un assez grand danger pour communier en viatique. La Breuille lui dit qu'il n'était pas dans le danger pressant où il avait été huit jours auparavant; mais que tant qu'il y aurait la fièvre avec crachement de pus il y aurait du danger. « Cela me suffit, dit » M. le Dauphin, car, tant qu'il y a du danger, on peut » recevoir ses sacrements de dix en dix jours. » Cependant, ne voulant pas s'en rapporter à lui-même, il m'ordonna d'envoyer chercher son confesseur, de lui dire ce que La Breuille avait dit de son état, et de lui demander si cela ne suffisait pas pour qu'il fût permis de communier encore en viatique. Il fut charmé d'apprendre que M. Collet avait jugé comme lui. Il le vit le lendemain, et fixa sa communion au dimanche 24. La veille, il nous dit, à Adélaïde et à moi, qu'il désirait beaucoup que nous y fussions présentes; et il ajouta : « Comme je suis mieux, » cela ne vous fera pas la même impression que la pre- » mière fois. » Il reçut la communion après sa messe, en particulier, n'ayant dans sa chambre que les personnes nécessaires.

» Un jour que les médecins le trouvèrent mieux, et même au-delà de leurs espérances, ils lui témoignèrent leur satisfaction de son état. Après qu'ils furent sortis : « Voyez, me dit-il, ce que c'est que l'attachement à la

» vie ; quand j'ai su le danger où je me trouvais, je n'en
» ai été nullement affecté ; et je sens bien que si les
» mêmes accidents revenaient, cela ne m'affligerait pas
» davantage ; cependant ce petit mieux me faisait plai-
» sir ; il comptait cela pour un grand attachement. »

« Malgré l'état de la faiblesse où il était, il n'a jamais
manqué de faire ses prières et ses lectures ordinaires, et
même sa méditation. Il ne récitait plus le grand office,
mais il en disait un plus court. Il lisait surtout avec plaisir
le Testament spirituel, et les saints désirs de la mort,
du P. Lallemant. Il demanda un jour à la reine si elle
connaissait ce livre, la reine lui ayant répondu que non :
« Ah ! c'est un bien bon livre, lui dit-il, et qu'il faut
» lire en santé. Un jour, en faisant sa prière, il me dit
» tout-à-coup : Oh ! voilà une paraphrase du psaume
» trente-septième que je ne n'ai pas le courage de lire,
» parce que je n'éprouve rien de ce qui y est dit. »

» Dans le temps qu'il paraissait être mieux, et qu'il
le croyait véritablement, il ne voulait pas qu'on s'en ré-
jouît trop, et surtout qu'on le crût hors de danger, afin
de s'entretenir dans les heureuses dispositions où Dieu
l'avait mis. Il nous dit un jour, en nous parlant du temps
où il avait reçu ses sacrements : « Je n'avais pas la moin-
» dre frayeur ; il n'y eut qu'un moment où j'ai eu grande
» peur du purgatoire ; car, me suis-je dit à moi-même,
» je souffre bien ici, et cependant ces douleurs ne sont
» rien, comparées à un instant passé dans le pur-
» gatoire : cette réflexion m'a effrayé. » Une autre fois,
en nous parlant de la consolation qu'il avait ressentie en
recevant ses sacrements, il nous dit qu'il craignait que
ce fût une illusion du démon, parce qu'il était trop grand
pécheur, pour mériter tant de grâces.

» Il a été pendant toute sa maladie d'une attention et

d'une bonté extrêmes pour tout le monde ; il n'était occupé que des autres, il s'oubliait lui-même. Les moindres services qu'on lui rendait étaient payés de mille marques de bonté. Un jour, après avoir passé une nuit affreuse, il dit au premier médecin de la reine qui avait veillé : « Ah ! » mon pauvre La Sône, je suis désolé de la mauvaise » nuit que je vous ai fait passer ; allez vous coucher, car » vous devez être bien fatigué. » S'apercevant que La Breuille avait l'air triste de ce qu'il avait passé une mau- vaise nuit : « Votre visage, lui dit-il, ressemble toujours » à mes nuits ; cela n'est pas bien ; un médecin ne doit » pas s'affecter ainsi pour son malade. » L'évêque de Verdun lui disait un jour qu'il ne le voyait jamais s'im- patienter : « Eh ! contre qui voulez-vous que je m'impa- » tiente, lui dit M. le Dauphin ? Mes médecins sont d'une » assiduité étonnante, les grands officiers ont pour moi » toutes les attentions possibles ; si j'ai besoin d'eux, je » les trouve, et ils se retirent dès qu'ils prévoient qu'ils » pourraient m'importuner : » c'est ainsi qu'il savait ren- dre justice à chacun.

» Au milieu de ses souffrances, il avait conservé toute sa gaîté naturelle, ou, pour mieux dire, l'avait reprise depuis qu'il avait reçu ses sacrements. Dans les commen- cements de sa maladie, il lisait des livres de différentes sciences ; quand il s'est aperçu que ces lectures le fati- guaient, il en a cherché d'autres qui puissent l'amuser sans le fatiguer. C'est à l'abbé de Mostuejouls qu'il s'était adressé pour lui en choisir ; et n'étant plus en état de lire même ces sortes de livres, il lui dit un jour : « L'abbé, » si je vous demande encore des livres, ne me donnez » plus que l'A, B, C, et le Catéchisme, car ce sont les » seuls que je sois en état de lire. » Il voyait tous les soirs les premiers gentilshommes de la chambre, les

grands officiers et ses menins ; il s'entretenait avec eux
sur toutes sortes de matières avec gaîté. Le matin, après
sa messe, il faisait entrer tout le monde, même les ambassadeurs, et il parlait à chacun. Il demandait par-
don aux ambassadeurs du dérangement qu'il leur occa-
sionait, en les faisant rester à Fontainebleau. On sortait
toujours de chez lui enchanté de ses bontés, et désolé de
ce qu'il se fatiguait pour parler à tout le monde. Un jour
l'ambassadeur de l'empereur s'écria en sortant de chez
lui : « Ah ! que de courage et de vertu ! » on ne pouvait
se lasser d'admirer l'un et l'autre. Le maréchal de Richelieu dit un jour tout haut : « Non , il n'y a que la religion
» qui puisse inspirer tant de courage. » Il était logé plus
agréablement à Fontainebleau qu'à Versailles, parce que
de son lit il pouvait voir tout ce qui se passait dans la
cour, et cela l'amusait. « Je suis pourtant mieux ici que
» je ne serais à Versailles , me dit-il un jour ; il n'y
» a que pour vous que je suis fâché d'y être, car votre
» escalier doit bien vous fatiguer. »

Le roi parlant un jour d'un prince d'Angleterre qui se
mourait, et une de mesdames ayant lu dans l'almanach
l'article des princes morts : « Vraiment, dit-il, j'ai pensé
» être là dernièrement ; on aurait mis : Louis, Dauphin,
» mort à Fontainebleau le vingt-cinq novembre. » Une
autre fois, comme le roi nous annonçait que nous por-
terions bientôt le deuil d'un autre prince ou princesse :
« Je crois, dit M. le Dauphin, que dans les autres cours
» on parle bien aussi de mon deuil. »

» Un soir, après le salut, je me trouvai toute seule avec
lui ; craignant qu'il ne s'ennuyât, je m'approchai de son
lit, et lui dis : Ne voulez-vous pas que j'appelle La Sône
pour venir causer, car je crains que vous ne vous en-
nuyez ! « Non, mon cœur, me dit-il, puis je m'ennuyer

5..

» quand je t'ai ? » Pénétrée de ces paroles, je fus un moment sans pouvoir répondre ; il crut que je n'avais pas entendu, et me dit du ton le plus doux et le plus tendre : « Avez-vous entendu ce que je vous ai dit ? » Hélas ! mon cœur, lui répondis-je, je voudrais bien vous être de quelque ressource. « Oh ! me dit-il, vous ne sauriez croire » de quelle ressource vous m'êtes. » C'est ainsi que sa charité lui faisait regarder comme une ressource les petits soins que ma tendresse s'efforçait de lui rendre.

» Le lundi, 2 décembre, il se plaignit d'un peu d'hémorroïdes. Le mal augmenta ; il se forma une tumeur qui grossissait de jour en jour, et le faisait beaucoup souffrir. Il ne voulait pas cependant en convenir, disant toujours qu'il n'avait pas de douleur, mais seulement de la gêne de ne pouvoir se tenir ni sur le dos, ni sur le côté gauche, ce qui lui fatiguait le côté droit ; mais en dormant il criait, et quelquefois même lorsqu'il était éveillé, il lui échappait de petites plaintes. Mais quand on lui disait : Vous souffrez beaucoup : « Non, répondait-il, pas beau- » coup. » Vraiment, lui dis-je un jour, le bon Dieu veut que vous souffriez de toutes les parties de votre corps, car il n'y en a aucune qui ne soit affectée. — « Oh ! pour » ma tête, me dit-il, je l'ai très-bonne pour végéter, car » c'est tout ce que je fais. » Un soir qu'il souffrait beaucoup, Adélaïde lui dit qu'elle ne pouvait pas revenir de sa patience, elle qui l'avait quelquefois vu jeter les hauts cris pour les moindres petits maux, il ne lui répondit que ces mots : « C'est que ceci vient de Dieu, et que c'est » pour Dieu. »

» Ne pouvant rester couché sur le côté gauche, il était obligé de tourner le dos au roi ; il lui en fit ses excuses en riant. La nuit du douze au treize, ayant dormi fort tard, il n'eut pas le temps de faire ses prières, il me dit

l'après-dîné : « Je n'ai non plus prié Dieu aujourd'ui qu'un
» juif. » — Hélas , lui répondis-je , vos souffrances sont
de bonnes prières. — « Oui, me dit-il , si j'en faisais bon
» usage. » Il regrettait tant d'avoir manqué ses prières
qu'il répéta le même propos à la reine après le dîner , et
le soir à Adélaïde. Adélaïde lui ayant dit la même chose
que moi sur ses souffrances , et, ayant reçu la même réponse, elle lui ajouta qu'elle n'était pas en peine de l'usage
qu'il en faisait. — « Oh ! lui dit-il , le diable est bien mé-
» chant , il rôde partout. »

» Toute la journée du treize , il fut dans des douleurs
continuelles , sans pourtant se plaindre; mais il ne pouvait pas rester un instant dans la même situation. La
reine lui ayant dit qu'elle voulait aller le lendemain à
Notre-Dame-de-Bon-Secours, il lui recommanda de bien
prier pour obtenir de Dieu l'adoucissement des douleurs
aiguës qu'il ressentait. Il avait grand désir que les chi-
rurgiens ouvrissent son abcès ; mais il se soumit aux
raisons qu'ils lui donnèrent pour n'en rien faire. Enfin ,
le soir du treize, on l'ouvrit d'un coup de lancette ; il n'en
sentit d'autre soulagement que de pouvoir se mettre sur
son séant : il en fut très-content.

» Le lendemain , dès qu'il vit la reine, il lui dit : « Ma-
» man , vos vœux sont exaucés , je suis soulagé ; ma
» tumeur est percée. » La reine lui ayant dit que cela ne
l'empêcherait pas d'aller à Bon-Secours, qu'elle avait bien
d'autres grâces à demander pour lui , il lui répondit :
« Mais je ne vous avais demandé de prier que pour le sou-
» lagement des douleurs que j'endurais. »

» Le soir, quoiqu'il eût beaucoup d'oppression , du
froid et un grand redoublement de fièvre , il ne se plaignit
pas, seulement, avant de s'endormir, il dit à La Breuille :
« Qu'est-ce donc que cette gentillesse qui m'est revenue

» aujourd'hui ? Je sens de l'oppression. » Quoiqu'il fût très-mal, il ne s'en doutait pas ; et, dans la journée du dimanche, il s'occupa beaucoup de ses pâques, me fit lire des canons du bréviaire, et parcourut lui-même les autres, pour voir s'il n'y était rien dit sur les pâques des malades. Il vit son confesseur le soir, et lui en parla aussi. Il avait projeté de faire ses devotions la nuit de Noël ; il m'en parlait souvent ; il faisait ses arrangements pour ses messes, et il avait nommé l'abbé de Tallerand pour les dire. Il s'était aussi occupé de l'ornementation de la chapelle pour la messe de minuit, et il avait envoyé chercher exprès un garçon du garde-meuble, pour lui donner ses ordres là-dessus. Il dit en riant à M. Collet qu'il avait un reproche à lui faire, de ne pas l'avoir averti la nuit précédente qu'on disait la messe, et qu'il devait y communier. Il nous avait aussi conté qu'il avait fait ce rêve, et qu'il s'était trouvé fort embarrassé, devant communier à cette messe, et n'ayant pas encore été à confesse. Le soir, quand on se retira, il demanda, comme il faisait souvent, qui de la Faculté passerait la nuit ? On lui dit que ce serait l'apothicaire, mais que son médecin coucherait dans le cabinet. Son bon cœur lui fit dire d'abord : « Mais pourquoi donc cela ? Si La » Breuille et La Saône passent toutes les nuits, ils » n'y résisteront pas. » On l'assura que cela ne les fatiguerait pas.

» Cependant cette précaution de faire rester un médecin lui fit comprendre qu'on avait de l'inquiétude ; il appela Adélaïde, et lui dit : « Comment me trouvez-vous » ce soir? Mais, pas trop mal, lui répondit-elle ; depuis » quelques jours, lui ajouta-t-il, je ne suis pas content » de mon état. »

» Le lendemain, dès six heures du matin, il envoya

chercher son confesseur, et lui demanda ce qu'on pensait
de sa situation ? M. Collet lui avoua qu'on craignait beaucoup pour lui. Il lui fit un petit reproche de ne lui en avoir
rien dit dans la conversation qu'il avait eue avec lui la
veille, et il s'arrangea aussitôt pour recevoir le bon Dieu.
Quand M. Collet fut sorti, il appela son médecin, et lui
ordonna de lui dire la vérité sur son état, parce qu'il était
essentiel qu'il le sût. La Breuille ne lui dissimula pas ses
craintes. Il lui demanda s'il était en aussi grand danger
que lorsqu'il avait reçu ses sacrements pour la première
fois ? Ayant su que le danger était plus pressant encore :
« J'espérais pourtant, dit-il, faire mes dévotions à Noël;
» dites-moi si je puis encore vivre quinze jours? » Le
médecin, saisi d'une pareille question, ne put pas y répondre sur-le-champ; et, voyant son trouble, il le prit
par la main, et avec un visage riant et serein : « Vous
» êtes ému, lui dit-il, rassurez-vous; vous savez bien
» que je ne crains pas la mort. » Enfin La Breuille lui
dit qu'il ne pouvait lui répondre de rien; « cela me suf-
» fit, » dit M. le Dauphin; il lui demanda si je savais son
état; et sur ce qu'il lui répondit que la famille en était
instruite, il m'envoya chercher. Je le trouvai assoupi; on
vint lui apporter un bouillon; je m'approchai, il me vit
et me souhaita le bonjour; ensuite, il me dit : « Pourquoi
» donc ne m'avez-vous pas dit que j'étais plus mal? » Je
répondis que je n'avais pas cru que ce fût à moi de le lui
dire; « Eh ! à qui donc, » reprit-il? Je lui dis que je
croyais que c'était à son confesseur et à son médecin. Il
me demanda comment il recevrait le bon Dieu, si ce serait en cérémonie ou pendant sa messe. Il m'ajouta que
M. Collet lui avait conseillé de le recevoir à la messe. Je
lui dis que M. Collet étant de cet avis, ce serait bien de
s'y conformer. Un moment après, il me dit : « Cette fois-

» ci, je ne vous dirai pas d'y rester : cela vous serait trop
» sensible. » Je lui dis que, malgré l'état où il se trouvait,
je ne désespérais pas encore, parce que je n'avais point
mis ma confiance dans le secours des hommes, mais en
Dieu. Il me répondit : « C'est toujours bien fait. » Je le
priai de s'unir aux prières qu'on faisait pour lui, et de
prier surtout la sainte Vierge, saint François Xavier et
saint Louis ; il ajoua : « Et mon bon ange gardien. » Il
parla ensuite d'Adélaïde ; je lui demandai s'il voulait
qu'elle vînt ; il me dit qu'oui. Quand elle fut arrivée, il
lui dit à peu près les mêmes choses qu'à moi, sur son
état et sur ses sacrements. Quelques moments après, il
nous appela, et nous dit : « J'ai quelque chose à vous dire
» à toutes deux ; ou si vous aimez mieux, me dit-il, que
» je ne parle qu'à Adélaïde ; » je lui dis que s'il avait
quelque chose à m'ordonner, j'étais prête à l'écouter ; il
me dit : « Non, dans le fond, ce n'est qu'à Adélaïde que
» j'ai à parler. » Je me retirai ; et il dit à Adélaïde qu'il
avait ordonné à son premier valet de chambre de lui porter
toutes ses tabatières après sa mort, et qu'il la priait de les
donner à ses menins, mais qu'elle eût l'attention de n'en
pas donner à trois, qui ne prenaient point de tabac, et il
les lui nomma.

» La reine vint à son ordinaire ; il lui dit qu'il ne ferait
pas comme la première fois ; qu'il l'avertissait qu'il recevrait le bon Dieu ce jour-là. Il reçut le roi avec la même
tranquillité. A dix heures et demie, il me dit qu'il était
temps de faire entrer son confesseur, puisqu'il devait
communier à onze heures et demie ; je le dis au roi et à
la reine, qui se retirèrent. Quand M. Collet fut arrivé,
M. le Dauphin me dit de monter chez moi, et de revenir
un peu avant la demie pour lui arranger ses oreillers. Je
descendis à l'heure qu'il m'avait marquée ; il me demanda

ses livres pour la communion ; et me dit : « Ce n'est que
» pour les trois quarts ; ainsi, restez là avec M. Collet. »
Il fit ses prières. Je regardai ses mains, et vis avec sur-
prise qu'il ne tremblait pas du tout, et qu'il tenait son
livre très-ferme. Quand il eut fait ses prières, il me dit
de l'arranger ; et, se tournant vers M. Collet, il lui dit en
riant : « Elle m'aide beaucoup ; » puis il me demanda où
j'irais pendant la cérémonie. Je lui dis que je ferais comme
la première fois, et me tiendrais dans le cabinet. « Al-
» lons, me dit-il, adieu. » Quand sa messe de communion et sa messe d'actions de grâces furent dites, il me fit
appeler, et me dit : « Eh bien ! comment vous en va ? »
Il dîna ensuite, et reçut la visite des princes. Il appela
M. le duc d'Orléans, et lui dit en souriant : « Je dois
» vous ennuyer ; car de temps en temps je vous régale
» d'une petite agonie. » Il lui parla ensuite d'autres cho-
ces ; et adressa la parole aux autres princes, l'un après
l'autre. A trois heures, il demanda à La Breuille s'il
n'allait pas dîner. Sur ce qu'il lui répondit qu'il ne dîne-
rait pas, il lui dit avec un air de bonté : « Mes dévotions
» vous ôtent toujours l'appétit, et vous donnent un visage
» de l'autre monde. »

Il demanda quelque temps après à Adélaïde, si le roi
avait donné ses étrennes à la reine ; et il dit qu'il serait
curieux de voir toutes les nôtres. Adélaïde, se doutant
qu'il avait envie d'avoir les siennes, le dit au roi, qui la
chargea de le lui demander : elle le fit après le salut. Il
lui dit qu'il les recevrait volontiers : le roi lui donna une
tabatière. Il la fit admirer à la reine, l'admira lui-même,
et en parut très-content. Le soir il nous dit : « Savez-vous
» pourquoi j'ai eu envie d'avoir ma tabatière ? c'est que
» j'en aurai une de plus à donner. »

» Le mardi, s'apercevant que ses mains tremblaient,

il me demanda pourquoi. Vers les huit heures du soir, il lui prit un étouffement terrible, avec une faiblesse considérable; il fut quelque temps sans pouvoir parler. Quand il le put, il dit qu'il était bien faible, et demanda en même temps son confesseur. Sur ce qu'on lui dit que M. l'archevêque était chez moi, il dit qu'il serait bien aise de le voir; il le reçut à son ordinaire, et lui parla beaucoup, quoiqu'il étouffât.

» Le mercredi matin, il m'appela et me demanda si j'aimais une de ses tabatières qu'il me désigna; je lui répondis que je l'aimais assez : « C'est, me dit-il, que je » veux vous en donner deux; celle où est votre portrait, » et telle autre que vous aimerez le mieux. » Je ne pus m'empêcher de lui demander celle qu'il aimait le mieux lui-même. Il me répondit qu'en vérité il n'en savait rien. M. l'archevêque revint chez lui, et lui donna sa bénédiction. M. le Dauphin fit la conversation avec lui, et lui demanda ce que c'était que les processions dont on lui avait parlé la veille; M. l'archevêque lui dit que c'était la grande procession de Sainte Geneviève qu'on avait faite pour lui. « Comment, reprit-il, c'est pour moi? je ne m'en doutais » pas. » M. l'archevêque lui ayant parlé de la ferveur avec laquelle tout le monde priait pour lui : « J'espère, » répondit-il, que ces prières serviront au salut de mon » âme; mais pour celui de mon corps, je ne le désire pas. »

Ici finit la relation de la Dauphine.

Au moment où son premier médecin, fidèle à l'ordre qu'il lui en avait donné, l'avertit du danger de son état, sans s'émouvoir, et sans paraître inquiet, il lui dit avec avec bonté : « La Breuille, je reconnais ici que vous êtes un honnête homme : je vous ai toujours aimé, et je vois que vous méritez mon estime : eh bien ! je vous ordonne de m'avertir avec la même franchise, quand vous vous apercevrez que le danger sera plus pressant. » Sus ces entrefaites, la reine entra avec la Dauphine et les jeunes princes. « Je vous prie, leur dit-il, en regardant son médecin, de lui accorder votre amitié; c'est le plus honnête homme du monde. » Il se prêta ensuite à la conversation avec la plus grande tranquillité, et sans laisser même soupçonner son danger à la reine qui l'ignorait encore.

La première chose qu'il fit, dès qu'il fut libre, fut de faire appeler son confesseur. Il lui fit part de l'ouverture que lui avait faite son médecin, et lui ajouta : « Par la grâce de Dieu, je ne me sens nulle attache à la vie. Je désirerais bien avoir une meilleure âme; mais je me confie en la miséricorde infinie de Dieu. » Il lui dit ensuite qu'il serait bien aise de se confesser; et il le fit avec autant de tranquillité que s'il eût joui de sa plus parfaite santé. Il ne comptait recevoir les sacrements qu'à quelques jours delà; mais le lendemain, sur les huit heures du matin, son confesseur lui ayant proposé de les recevoir le jour même : « Je ne demande pas mieux, lui dit-il ; je n'osais vous en témoigner le désir. » Il les reçut, en effet, devant toute sa maison, qu'il édifia par sa grande piété.

Un moment après, il marqua sa reconnaissance à tous ceux qui avaient été attachés à sa personne : aucun ne fût excepté. Il remercia avec bonté ceux qui l'avaient servi par intérêt, comme ceux qui l'avaient fait par affection, se réservant de faire connaître à ceux-ci en particulier, qu'il les avait toujours distingués de la foule des courtisans. Pendant toute sa maladie, il ne lui est pas échappé une plainte, pas une parole d'aigreur contre ceux qui s'étaient efforcés de calomnier, aux yeux des peuples, son mérite et ses vertus. La Dauphine nous apprend seulement qu'un jour qu'on lui parlait de la déso-

lation générale de la nation, il dit avec sa douleur ordinaire : « Hélas! il y a six mois que bien des gens me dé-
testaient; je ne l'avais pas plus mérité que l'amour qu'on
me témoigne à présent. »

Après qu'il eut parlé à ses officiers et à ses courtisans,
il eut la pensée de faire appeler les jeunes princes, ses
enfants ; mais faisant attention que l'extrémité de son
état pourrait être pour eux un spectacle trop effrayant,
il se contenta de faire venir leur gouverneur, qu'il chargea de leur porter ses dernières instructions, que nous
avons appelées ailleurs. Il voulait y ajouter quelque chose;
mais le duc de Vauguyon, accablé de douleur et fon-
dant en larmes, tomba entre les bras des personnes qui
étaient auprès de lui, qui le conduisirent aussitôt dans
un arrière-cabinet.

Après avoir demandé, pour la seconde fois, des nouvelles de la Dauphine et de madame Adélaïde : « Et la
reine, dit-il, sans doute qu'elle est aussi bien affligée?»
L'état des autres le touchait beaucoup plus que l'extrémité où il était lui-même réduit. Il s'occupait, avec toutes sortes de bontés, des personnes que le devoir ou l'a-
mitié retenaient auprès de lui. Il dit à son confesseur
qu'il se reprochait beaucoup de l'avoir empêché de dîner.
Ayant adressé à l'évêque de Verdun quelques paroles qui
annonçaient qu'il conservait encore sa gaieté, le prélat,
à l'occasion de ce qu'il lui disait, lui répondit que, puisqu'il croyait lire jusque dans le fond de son cœur, il allait
aussi deviner ce qui se passait dans le sien ; et il lui dit
que sûrement il était bien occupé de madame la Dauphine et de madame Adélaïde. « Ah! vous avez bien raison, lui dit le Dauphin, je prie Dieu de les consoler. »

Sentant que sa fin approchait, et ne croyant pas pou-

voir passer la nuit, il dit, le soir, au cardinal de Luynes:
« Il est temps, M. le cardinal, que vous me donniez la
dernière bénédiction, et l'indulgence *in articulo mortis.*»
Il lui en avait déjà parlé. Sur ce que le cardinal lui représenta qu'il n'était point encore à la dernière extrémité,
il lui dit : « Vous voudrez donc bien que je vous fasse
éveiller cette nuit. » Le cardinal l'assura qu'il resterait
toujours auprès de lui. Le prince lui témoigna combien
il était touché de son attachement et de son assiduité.
Tout ce qu'il disait annonçait le plus grand désir d'être
réuni à Dieu. Son médecin, lui ayant tâté le pouls, disait qu'il avait encore du ressort et de la force: « Tant pis,»
lui répondait-il. Mais, pensant que cette parole pouvait
laisser croire qu'il se lassait de souffrir, il ajouta: « Quand
je dis tant pis, ne croyez pas que ce soit par découragement ; grâces à Dieu, je ne m'ennuie pas de mes souffrances ; mais quand je pense que dans peu je pourrai
avoir le bonheur de voir mon Dieu face à face, et de le
connaître en lui-même, je vous avoue que je désirerais
bien que le moment fût déjà arrivé. »

Toutes les fois qu'on lui parlait des prières publiques
et particulières qui se faisaient pour lui dans toute l'étendue du royaume, il en paraissait vivement touché. Quelqu'un, pendant cette nuit, lui ayant fait la réflexion
qu'au moment où il parlait, toute la nation, dans la
douleur et les larmes, demandait à Dieu la conservation
de sa vie ; après être resté un moment en silence, comme
pour recueillir ses forces défaillantes, il leva les yeux et
les mains au ciel, et s'écria du ton de voix le plus atten-
drissant : « Ah ! mon Dieu, je vous en conjure, protégez
à jamais ce royaume ; comblez-le de vos grâces et de vos
bénédictions les plus abondantes. » Ces paroles pénétrè-

rent tous les assistants, et l'un d'eux lui dit : « Pour moi, monseigneur, je ne désespère pas encore que le Seigneur, touché par tant de prières et de larmes, ne fasse éclater sa puissance pour vous rendre à nos vœux. » Le prince, l'interrompant, rejeta, avec une fermeté héroïque, une pensée qui, selon lui, n'était plus de celles dont on devait l'occuper. Plusieurs fois, pendant cette nuit, il offrit à Dieu le sacrifice de sa vie pour toute la nation, et spécialement pour le roi et la famille royale. « Si j'étais assez heureux, dit-il à ceux qui étaient autour de son lit, pour entrer dans le ciel au sortir de ce monde, et qu'il plût à Dieu d'exaucer mes prières, je vous promets que vous en ressentiriez les effets : je n'oublierais pas ceux qui m'ont été ici-bas les plus chers. »

Pénétré de reconnaissance pour la grâce que Dieu lui faisait, de lui conserver jusqu'à la fin la plus parfaite connaissance, il dit, en regardant son crucifix, qu'il tint presque toujours entre ses mains pendant son agonie : « Vous voulez donc, ô mon Dieu, que je mette à profit pour l'éternité dans laquelle je vais entrer jusqu'au dernier instant de mon agonie. » Vers minuit, il pressa le cardinal de Luynes de lui donner la dernière bénédiction et l'indulgence *in articulo mortis*. En certains moments, la chaleur de la fièvre lui causait des absences ; mais comme la peine qu'il avait alors à parler l'obligeait de le faire en peu de mots et à voix basse, il est probable que ce qu'on croyait destitué de sens ne l'était pas toujours : c'est ainsi que le cardinal de Luynes attribuait au délire ce qu'il lui dit pendant cette nuit ; il lui demanda s'il y avait des caves de sépulture dans le chœur de son église. Sur la réponse que lui fit le cardinal, qu'il n'y en avait qu'une sous l'autel pour les archevêques : « Il faudra donc en faire une, lui dit le Dauphin, car je dois faire un voyage à Sens. » On découvrit le sens de ces paroles, quand, à l'ouverture de son testament, on vit qu'il demandait à être enterré dans la métropole de cette ville.

Cependant sa poitrine se remplissait ; il ne lui était plus possible d'expectorer. Comme on lui disait qu'il devait souffrir cruellement, il avoua qu'il n'avait jamais tant souffert de sa vie. Quoique les boissons qu'on lui donnait alors le fatiguassent et ne servissent qu'à prolonger ses souffrances, il s'efforçait de les prendre et n'en refusait aucune. Ce n'était plus dans ces derniers moments des sentiments de résignation et de confiance qu'il exprimait, c'était des transports d'amour, et des désirs enflammés d'être uni à son Dieu. Il se faisait tâter le pouls fort souvent, et il demandait, avec la plus grande tranquillité, s'il allait bientôt mourir ; combien d'heures il pourrait encore vivre ; il demanda s'il irait bien jusqu'à six heures du matin. Sur ce qu'on lui répondit qu'il pourrait encore aller plus loin : « Mon Dieu, s'écria-t-il, serai-je donc encore privé long-temps de la joie ineffable de votre vue ? » On lui demanda s'il désirait que Dieu abrégeât ses maux : « Non, répondit-il, je ne veux que sa volonté ; je ne dois pas me lasser, ajouta-t-il, en regardant son crucifix, de souffrir pour l'amour de notre Sauveur, qui a tant souffert pour nous ; je ressens des douleurs dans la poitrine, mais cela ne doit point s'appeler souffrir beaucoup. » Son confesseur lui ayant demandé s'il était toujours dans la disposition de ne vouloir que l'accomplissement de la volonté de Dieu sur lui, il lui répondit avec un transport que ses paroles seules peuvent rendre : « Oui, si j'avais mille vies et mille santés

en ma disposition , je les sacrifierais à l'instant au désir
qui me presse de voir mon Dieu et de le posséder. Je n'ai
jamais rien tant souhaité, poursuivit-il , que de le connaître en lui-même ; il doit être bien grand , bien admirable dans l'étendue de ses perfections infinies ! »

Le vendredi , vers les six heures du matin , il perdit
tout usage de la parole , son cœur fut la dernière partie
qui succomba. Tout était mort en lui , qu'il conservait
encore toute la vivacité du sentiment. Dès qu'on lui parlait de Dieu, il s'efforçait de faire connaître, par quelques
faibles signes , qu'il en était touché. » N'ayant plus de
mouvement que dans les lèvres , dit l'abbé Collet , il les
remuait quand je lui parlais , pour me faire comprendre
qu'il m'entendait. » Quand il ne donna plus aucun signe
de connaissance, le cardinal de Luynes entreprit de lui
dire , pour la dernière fois , les prières des agonisants ,
qu'il eut beaucoup de peine à achever. Les assistants n'y
répondirent que par des larmes et des sanglots. Bientôt
après on vit ses yeux s'éteindre insensiblement; il ne paraissait plus tenir à la vie que par un léger souffle. Aucune agitation violente, aucun mouvement convulsif n'annonça son dernier soupir ; il le rendit paisiblement , et
comme s'il se fût endormi d'un doux sommeil, après avoir
essuyé une agonie de vingt-deux heures. Ce fut le 20 mars
1765 , à huit heures du matin. Il était âgé de trente-six
ans , trois mois et seize jours.

Le cardinal de Luynes chargé d'annoncer une si triste
nouvelle à la Dauphine, dont il était premier aumônier,
lui dit : « Madame , bénissons le Seigneur , nous avons
un saint de plus à honorer dans le ciel. Non, il n'y a point
de religieux de la Trappe qui n'enviât la mort que vient
de faire M. le Dauphin. La foi peut bien nous consoler ,
et sa résignation héroïque doit être le modèle de la nôtre.»

Les universités, les académies, les orateurs et les poëtes célébrèrent à l'envi ses vertus; toute la France retentit de ses louanges. Entraînés par la foule, ses calomnia-
teurs chantèrent la palinodie, et se firent ses panégyristes; des plumes accoutumées à décrier la vertu essayèrent
de louer le prince le plus vertueux, et, par un contraste
bien bizarre, on vit en plus d'un endroit l'éloge du Dauphin à côté d'une invective contre la religion. M. de Vol-
taire lui-même donna ce dystique pour être mis au bas
de son portrait.

Connu par ses vertus plus que par ses travaux,
Il sut penser en sage, et mourut en héros.

FIN.

LIMOGES. — IMPRIMERIE DE BARBOU FRÈRES.